王 華、陳卓賢——著

冠軍經理人的
趨勢發現
&
投資觀念

屢獲大獎的對沖基金操盤手，
為你解析可以盈在未來的14個黃金產業

　　無論在任何時候，我都只想提供立體湧現的框架概念及提升維度的方法給讀者給朋友。浪費別人的時間，等如一個慢性無良或無知的殺手。其實我很少看書，因為較難找到提升智慧、甚至維度的書。

　　我認為，大部分的書都只是流於平面低維度資訊性的發水麵包，結果這些書很快就會被「ChatGPT」用幾十分鐘就完勝人類作者。左搬右搬成文或影片的年代早已過去，只有現實中的非玩家角色（Non-Player Character，簡稱 NPC）才會浪費時間讀那些低維度的書和影片，而這種人高達九成幾，希望不是你。

　　從基本面拆局到宏觀拆局，再到資金流拆局，原來投資是要用高維度預測全局變化，然後亦可以自由地進入低維度去看羊群的短中期反應。這幾年當中，信仰帶我看到了高維度的世界，然後對我最有啟發性的是腦元神經學，是我組的基金經理群、科技行業專家群、朋友群之間的巨大資訊、時間及最重要的維度「差」，這些是「WhatsApp」和「WeChat」群組的力量，是「YouTube」教學相長的領悟。

　　10 年前我已開始研究人工智慧和 30 年前研教的 ABO 血型學，也都是最大的長期歸納訓練的推手，不只需要融會貫通，也要求自己做到 ChatGPT 暫時做不到的、嶄露頭角的思考方法。

　　此刻回想，我已經有很多年沒有寫書，非常高興有機會第四次與本書另一作者陳卓賢（Michael）合作。從我首套系列書《對沖拆解王》，到和他的合著《從股壇初哥，到投資高手》，內容由拆解手機晶片到拆解財務報表，以至拆解大戶心理，而這本和他合著的新作則更進一步去拆解投資者的腦袋，和窺探

猜想通天特異功能者的行為模式。

此外，撰寫本書時也多得王逸研（Issac）的整理，他同樣擁有多年深入研究半導體、人工智慧、科技硬體股票的經驗。對於今次的內容，他也提供了一些專業的看法。

人生到了半百階段和離開投資銀行後又經歷了 14 年的對沖基金管理，回頭一看，似乎不知不覺踏上了一條不停學習，不停升維度的路。自從大學畢業後，就開始了在沒有紅綠燈的高速公路狂奔之路上。

最初是在半導體產品 10 年的設計、營銷及管理的路上狂奔，然後吸取特許財務分析師（CFA）的精髓，入行做分析員，到成立對沖基金，早期也學習了如何從事行政管理及營運一個基金（這其實有點大才小用，有感稀釋了很多做研究的時間），每天腦子轉個不停，本以為自己已經吸收到掌握到投資真蹄，但直至到幾年前，才慢慢悟出市場多維度及高維度博弈，遠遠沒有以往想像中的那麼單純。

我的對沖基金已連續在香港及美國市場下跌中連贏三年，投資技巧也已脫胎換骨，2023 年更放膽多空並用去捕捉超額報酬，正如《對沖拆解王》一書的副題「一切由沽空開始」，我們不會糾結於大盤方向。例如直接放空美股作對沖及選擇較長期買入環球 ChatGPT 受益股。

不只股票內有通天特異功能的人，宏觀新聞報導前更多聰明錢的立體拔河博弈，這本書不僅一如過往深入發掘公司科技發展及財務的轉淚點，更有這幾年對資金流博弈的獨特看法，不浪費讀書者及作者的寶貴時間，不做慢性無良或無知的殺手。

易方資本對沖基金創辦人暨投資總監

王華 Fred

作者序二 🪙

　　科技源於生活，生活也離不開科技，所以科技知識是無分領域的。任何人認識科技後都可增廣見聞，強化思維深度，當這些知識存入你的腦海，隨著時間推移而建立紮實的根基，有朝一日，就會在有需要的時候助你一臂之力，這當然也包括投資領域。

　　本書會以投資技巧為切入點，再通過各種科技產業例子進行講解。首先會向散戶說明對沖基金經理是如何作出投資決定，包括通過對行業的環迴拆局，並以作空泡製多空交易；即使是一般散戶，也能利用這些技巧獲取長中線投資的盈利。

　　此外，真正的投資者也需要具備偵探頭腦和收情報能力，在公開管道搜集蛛絲馬跡和砌圖碎片，再拼湊還原完整圖景，從而重估公司價值，這才是一套完整的「拆局方程式」，以上內容都會在第一部分詳細交代。

　　當擁有所需的投資技巧後，我們又如何將它們大派用場呢？毫無疑問，科技產業必然是未來經濟發展的主引擎，及早了解行情趨勢、把握先機，都是讓散戶不落後於大戶的策略。

　　我和另一作者王華（Fred）都對不同科技產業，主流如人工智慧、半導體，以及虛擬實境（VR）、擴增實境（AR）、混合實境（MR），以至生活化的虛擬偶像、睡眠經濟和醫療科技，都有深入調查研究和見解。因此在第二部分，我們就會利用各種拆局和分析方法，對不同科技領域進行重點分析和趨勢預測。

時日如飛，我和王華相識已有 10 年，起初我是以出版社編輯身分，邀請他出版財經書，這就是我們的緣起。直到今天，我們不但是好朋友，也是交流投資心得的好夥伴，更是不忘初心、繼續投入心力向讀者分享知識的作者。

最後，要感謝我的媽媽、爸爸和婆婆一直的支持和鼓勵，不知不覺我已投身出版行業超過 10 年，這絕非一條容易走的路；近年我亦由策劃的角色踏進前線，以作家身分繼續擴展寫作事業，而大家手上這本書就是我的第 7 本作品，展望未來會有更多機會和大家分享心得。

暢銷書《股票投資 All-in-1》作者暨資深財經編輯

陳卓賢 Michael

CONTENTS

CHAPTER 04
潛力生活科技產業蓄勢待發

1

如何獲得
超額報酬

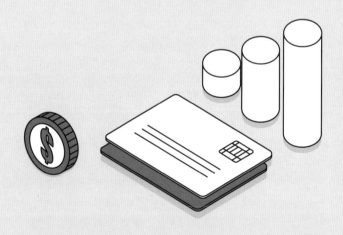

真正的投資人懂得在生活細節中調查研究，擇時買入「最有感覺」的股票，而且具備偵探頭腦和情報能力，在公開管道搜集蛛絲馬跡和砌圖碎片，再拼湊還原完整圖景，以重估公司價值。即使沒有大戶的內幕資訊，只要長期專注於熟悉的股票，單憑公開管道，也能憑著行業知識和作多空技術，獲得「超額回報」。

CHAPTER

01

切片立體時空，還原本相

大部分投資者很少「復盤」，即使復盤也只是找出短時間內的股價變動原因，這是不足夠的。我們的做法是去思考還原究竟過去數月內某一股票或某一市場發生了什麼事？當中有幾股力量互相博弈，而最終贏家如何在當中導引某股票或某板塊或某段時間的大行情？

就像是用蒙地卡羅模擬模型及條件機率還原究竟數日數月前發生了什麼事？也就是不停用今天最新數據及今天最新事件去重組過去最有可能已發生的真相？以下所有技巧都是為了幫助我們重組案情，這個難處在於不斷地懷疑已經重組好的案情可能還是錯的，需要更進一步的數據去確認之前每一個步驟中的機率。

＼ 由表及裏，融合策略的組合拳 ／

真正的投資人懂得在生活細節中調查研究，擇時買入「最有感覺」的股票，而且具備偵探頭腦和情報能力，在公開管道搜集蛛絲馬跡和砌圖碎片，再拼湊還原完整圖景，以重估公司價值。

即使沒有大戶的內幕資訊，只要長期專注於熟悉的股

票，單憑公開管道，也能憑著行業知識和多空交易技術，獲得「超額回報」。

過去十多年，港臺投資者經歷多次股災，大戶和散戶都變得更聰明，投資手法也日漸進化，單純的基本分析、技術分析、資金分析，似乎都不堪應付今天的市場局勢，而我們也需要以整合和融合的眼光，以一套連環組合拳去拆解股票的局勢，其中財報分析、政策分析、財技分析、行業分析、資金分析、技術分析等各派武功，兼容並蓄，缺一不可。

投資牽涉人的預期和情緒，也牽涉伴隨貪婪和恐懼而生的瘋狂。無論在宏觀還是微觀的層面，無論「由上而上」還是「由下而上」，拆局都可分為基本面、資金面、催化劑等，唯其在每層次都面面俱到，才算立體而全面。

1. 宏觀基本面

宏觀基本面包括了以下四方面的數據：

經濟發展形勢：諸國內生產總值、採購人指數、失業率等數據。

金融貨幣政策：影響銀根的息率、匯率、存款準備金、

存貸比率。

產業財政政策：市場化改革、基建計畫、國家預算、
稅項豁免、優惠補貼、發展基金、法
律訴訟。

政治因素（尤其在中國）：派系的分布、權鬥的結果、
接班人的布署。

在東亞地區，以上領域都不離「有形之手」的干預，
因此有時更要研究領導人的思維，為何在這時推出政策、
政策聲明的潛臺詞、政策有否失算漏洞、各方將如何應對、
還有何後續的立法、司法和執法手段等。

2. 宏觀資金

宏觀資金流主要是兩方面的研究。

首先，是國家級選手和超大型基金的動向，例如國家主
權基金、機構退休基金、超大型長線基金、環球宏觀對沖
基金等。

**其二，是熱錢的環球流向，也包括各大資產市場的指
數**，如大宗商品市場、美國債市、美國股市、中國股市、
環球匯市等。

3. 宏觀的催化劑時機

當然，也少不了宏觀催化劑的研究。

當中我們會看政策時間表，是否會有意外的考慮因素、是否會在市場預期的步伐之外等，另外也會留意黑天鵝事件，研究其性質、概率、影響等在環球層面的催化劑事件，眾所周知的意外，例如地緣衝突、宗派衝突、社會暴動、恐怖襲擊、氣候變化等，皆成為引發外交衝突和市場動盪的星星之火。

然而，環球宏觀分析博大精深，近年我們即使更多留意宏觀政經形勢，仍然只能與市場同步（市場上也很少單憑宏觀分析就擁有優勢的基金），因此還是集中時間在微觀的產業和公司研究。

4. 微觀基本面

微觀基本面的研究，集中在公司層面的因素。

除了關注管理層作風、管理水準、財務變化，還會關注供應鏈變動、產品質素的變化、客戶和供應商的變化。除了比較按季和按年的業績，還要估算管理層是否會修改季度或年度的業績預期、公布的財報有否財技陷阱、為何

要在這時促成交易、為何用這模型而非那公式估價等。

在個股的層次之上，還有產業主題熱點的局，甚至是宏觀經濟的局。在這個階段，也要模擬大股東或管理層的心態，我們集中研究什麼是未被市價反映的訊息，市場還有何錯誤預期或過度戒心，以便能捕捉轉捩點的先機。

5. 微觀資本流

微觀基本面之後，是微觀資本流的拆局。

股價的變化源於不同對手的消長結果，包括長線基金、對沖基金、大陸公募、大陸私募、管理層、內幕人士、散戶等，我們每天就用「場景模擬」的方式，模擬長短資金和短線力量的分布，研究對手的思維習慣、決策模式、反應速度，再對照資金流向的數據（如股票轉倉模式、持人股權變動、託管人變動、個股作空比例），推測最新的籌碼流向和分布。這套方法，我們借用半導體的術語，暫且命名為「ASIC（Alpha Scenario Inter-Correlation）」。

6. 微觀的催化劑時機

然後，研究微觀的催化劑時機。

第一步：列出催化劑的名單，業績相比預期的增減、

盈虧的動力、新技術新產品的研發、新客戶新伙伴的建立，都可以是股價的催化劑。

第二步：判斷催化劑和轉捩點的性質，屬於宏觀政經還是產業題材還是公司個股層次，屬於長期結構轉變還是短期事件。

第三步：追問市場有否誤解、市場還有多大的誤解、對手能否提前發現差價、催化劑何時引爆、屆時爆發各方又有何反應、股價將如何走向，再決定押注的數量和時機等。

不迷信技術分析

我們也會關注技術指標和技術形態，但從不迷信。很多散戶研究股票時，都盯著趨勢指標或動力指標的變化；特許財務分析師（CFA）課程也有涵蓋技術分析，但只占輕微比例。

首先，特許財務分析師也有論述技術分析的限制，在存在訊息差距的市場、成交疏落的市場、欠缺成交深度的市場，在這些「弱有效（Weak Efficient）」的市場環境（例如房地產交易、藝術品拍賣、硬體科技股票），大多充斥誤差和偏見，不時出現突襲交易，市價也常常暴升暴跌，

以致技術圖表亦更加滯後，亦不能提供前瞻性指引。

其二，在今天電子式專屬線路下單（Direct Market Access，簡稱DMA）的年代，很多小市值的股票，都有內幕人士操縱技術形態、技術指標、成交額量，特許財務分析師的「道德操守」課題就講述了不少這類市場操控手法。

當我們按照預想劇本下注之後，還要留意現實發展，比對原有的劇本，並隨之調整注碼；就像別人賭球都在賽前就下注，我們卻在比賽期間隨機應變，根據事態發展而下注，即使利潤較低，卻能擺脫賽前分析的心錨，亦能把握別人出錯的時機而追擊。

「牛頓定律」看投資

牛頓開闢了物理世界的新紀元，卻在投資失敗後表示「我能計算天體運行，卻無法計算人類的瘋狂」，但牛頓的「三大定律」與投資分析卻有同工之妙。

第一定律（萬物都以慣性運行）：可以比喻有效市場下價格反映一切的現狀。

第二定律（新速率乘以舊重量也會改變質量）：在科技的世界，單憑常識往往不能持續戰勝市場，我們就在眾人常識和市場認知之外，尋求未來影響股價的意外因素，例

如基本因素將會如何變化、何時變化（第一重轉折點），並留意催化劑的發生概率和時間。

第三定律（作用力會引發同等的反作用力）：我們再模擬市場對手的看法，判斷誰將會因此買賣、買賣多少、何時買賣（第二重轉折點），再根據我們和別人看法的差距，歸納股價的升跌、速度、動能。

第一次就做對

當不斷跨角度和跨時空地思考、不斷以場景再生的角度運用大腦，修煉悟道進化到極致，我們相信，都能像《來自星星的你》的都教授或《駭客任務》中的尼歐，遭變故之起而不驚，即使置身槍林彈雨，亦能看穿子彈的速度和軌跡，藉著時差搶占先機。

今天，對於作多和作空，我們都敢於押下重注，若能更深入分解長中短股價因子的敏感系數，更靈活地增減持股，則更是勝券可期。**尤其看到公司出現內傷（公司管理或業務有黑暗面）或外傷（股票被唱淡或減持），我們也會落井下石，謀取負面而合法的「魔鬼回報」**。當然，以作空獲利之時，則要小心言辭，因為我們的利潤可能就是親友的虧損。

最大的對手，往往都是自己。一位電子界奇葩朋友說，人生最圓滿的事，是第一次就做對，不用凡事都從痛苦中學習。不少朋友投資時，一廂情願地預測大盤，昧於形勢而偏執己見，厭倦頻密的精算研究，常常出現偏見，常常墜入陷阱。我們從不相信只有犯錯才能吸取教訓，從身邊同事、基金朋友、炒家的經驗也確實領悟到不少寶貴的交易心得，很少犯下大錯，也不斷從小錯中吸取大教訓。

＼ 窺探底牌的專業偵察 ／

近年中國上市公司的造假案例頻仍，包括設立空殼公司、擬假合同、開假發票等方法，以便虛增資產或利潤收入，伺機掏空上市公司。早年，《紐約客（New Yorker）》雜誌有文章披露，每當中國的上市公司發表聲明，對沖基金就會聘任中情局或聯邦調查局前僱員深入中國工廠調查它們的業務和財務真相（例如輪班次數）。在今天的賣方和買方對於這套「盡職調查」的方法也駕輕就熟：私募基金用以調查投資對象，對沖基金用以放空弱勢的公司，作空機構（如渾水研究（Muddy Waters Research）、格勞克斯（Glaucus）、香櫞研究（Citron

Research）的少數創辦人和高階管理層，不乏有「金融＋法律」的學歷或工作背景）用以狙擊中國概念股票。

1. 公司資料

　　<u>公開資料的來源，不只包括官方網站或媒體，還包括招股說明書、財務年報、臨時公告等。</u>當作空機構調查上市公司時，甚至會查閱過往數年的資訊（包括業務結構、併購時間、交易金額等）。這些公司資料，也包括電話會議的「對話記錄」（有時尋找阿爾法（seeking alpha）等網站就會提供美股的對話記錄）。我們有時來不及參與會議，都會藉著「對話記錄」了解市場的關注點，先去猜想最可能的結果，然後比較市場答案（公司的解讀＋分析員的解讀＋基金經理的解讀），這時就會預先下注。

2. 公司會議

　　每年 3 月底前都是上市公司的年度業績期，人們都忙著參加業績會議、業績後路演、高層晚宴。外資投行和內地券商的年會，氣氛和組織都大有不同，尤其在小組會議的回答，平時用功就見真章。公司會議當然也包括平時的電話會議，但親臨業績大會，則可與同業投資人和分析員

交流，有時還見到久未露面的公司管理層及其對手人員。

　　大部分的「決勝位置」都藏在問題當中，很多時問題甚至比答案更重要，因此在親臨回答環節，我們可以透過管理層的微表情和音調語氣聽出背後的深意，因應管理層的回答而追問，也可以從重量級基金的發問得知自己的贏面。與公司管理層的小組會議，則是近距離「荷槍實彈」的交鋒機會。記得在某知識產權供應商的小組會議，我們用上大量的技術性名詞，就有基金經理事後表示聽到所有的詞語，卻完全不知所以然，估計當時在座有 30％ 都是如此。

　　中國公司的執行長（CEO）比財務長（CFO）更清楚公司產品或行業競爭動向，財務長比投資人關係主任（IR）更知道公司架構；但臺灣公司的投資人關係主任往往由內部調遷，或來自那 10 至 20 間巨頭的圈子，大多熟知產業形勢和核心技術，也願意分享，大膽發問往往有意外收穫。但有時，當老外聽眾不懂普通話或管理層不擅英語溝通，則大減速度及深度，有時管理層甚至以商業祕密或國家機密為由而拒絕透露重要財務數字，也會讓人懊惱抓狂。

3. 實地調查研究

　　每個年代的分析員都有調查研究奇招。最近就有農業

股的分析員，為了調查上市公司有否誇大農地資產，經歷近 30 小時的顛簸，遊走內地數萬畝的農地。他拿著詳細地圖，先用手機的全球定位系統（GPS），檢測出各處的小塊農地所在，用里程計量度各個小農地的種植區，最後又向當地農民與居民查詢農地擁有者的資料。實地調查研究週期有時長達半年，但調查研究蒐證越是細緻，結果也往往超出預期。

很多投資人除了親臨上市公司辦公地約見其高層，更觀察和拍下真實運營情況（觀察工廠環境、機器設備、庫存，工人士氣和狀態，工廠周邊的居民交流），拍照取證，甚至觀察工廠門口的車輛數量和運載量來評估公司的業務量。當調查研究結果與官方資訊出現矛盾，往往就是上市公司的軟肋。

4. 關聯方

在很多交易中，**除了上市公司本身，關聯方都是「掏空上市公司」的黑手。**這些關聯方包括大股東、實際控制人、聽命於實際控制人的董事或代持股東，也包括當然子公司、控股公司、友好公司、聯營公司等組織。有時，上市公司僅為一個空殼公司，實際控制人向上市公司「借」入巨資

添置資產，卻將這些資產和相關收入轉予關聯公司的名下，讓上市公司僅僅保留關聯方騰挪過來的「名義利潤」，完全逃避了納稅。

5. 上游供應商

有時，上市公司的採購總量竟然高於其所有供應商的產能，有時玩著自買自賣的迴圈把戲（供應商又是客戶），有時聲稱的獨有產品竟然被其供應商公開銷售，有時甚至篡改審計報告……，**在科技板塊，不少上市公司都會共用供應商，調查供應商就能知道公司的業務量。**有的供應商較為坦白，可以直接詢問這供應商的經營情況（辦公環境、產能、銷量、售價、聲譽等）或對上市公司的評價；但有時供應商不願吐露，則可假扮客戶婉轉發問，例如：如果問供應商某種產品的預訂數量和下游客戶，可能就會得知目標公司或競爭對手是否已經訂貨，以及還會訂購什麼產品。

6. 下游客戶

對於下游客戶的調查研究，也是產業鏈管道調查之一，方式包括：查閱資料、網路調查、電話詢問、實地調查研

究等。**客戶的評價，是評判上市公司的重要指標。**不少中國的上市公司都只有落後的技術、平庸的產品，單憑廉價難以掩飾客戶的惡評。更誇張的是，有些作空機構細心致電後才發現，上市公司根本沒有所宣稱的客戶關係，有時數十、數百個客戶電話都不通或轉至秘書臺，有時從各個客戶得到的採購量和採購價格竟然遠小於上市公司的供應量。

7. 競爭對手

競爭對手的經營和財務情況（銷售價格、毛利率水準、盈利水準），競爭對手對上市公司的評價調查，都能有助了解行業現狀，也能判斷上市公司的價值，不會局限於上市公司的一家之言。

8. 分析員報告

很多時，報告的價值也要看分析員和所屬機構的江湖地位，任何業績變項稍有偏離都會讓預測結論出錯，以致論點論據甚至比買賣建議更有價值。有時我們會留意那些減持降級的報告，一是因為分析員不多發表降級報告（以免得罪公司），二是有時看到報告時，股價已提前下跌，

如降級的原因已發生又或勝於預期，這時甚至值得買入。

9.產業專家

　　所謂「術業有專攻」，基金和作空機構都是金融圈內人，<u>有時對於產業的關鍵細節，必須請教行業的專家，才能更準確地掌握行業資訊（行業的正常毛利率、某型號設備的價值），而且更有效、更可信。</u>尤其當作空機構發表報告時，援引專家言論，總是比自己的判斷更有說服力。留意行業專家的微博或媒體帳戶的評論，除了洞悉市場熱點和股票拐點，也能掃除自己的盲點。

10.市場調查

　　有些大型基金針對重點投資的新興市場和上市公司，甚至特意聘請市場調查公司，對其產品價格、回應時間、銷售處理，展開全面市場調查。有些投資在一級市場的對沖基金，則收集和追蹤大量初創企業的估值、收入、融資情況等資訊，編制「企業動能分數（Momentum Scores）」，以識別突破性的初創企業，以此決定投資額度。

11. 專業網路

對於識別未來贏家，關係網路也與網路資訊同等重要，甚至有過之而無不及，有些基金甚至建立產業的人才網路和執行長論壇，有些基金則會聘用重點投資的公司員工（特別是銷售人員，畢竟沒有人能比銷售員更了解其僱主）。

特許財務分析師當中的「馬賽克理論（Mosaic Theory）」，就教導投資人應該具備偵探頭腦和情報能力，在公開管道搜集蛛絲馬跡和砌圖碎片，再拼湊還原完整圖景，以重估公司價值。由於企業要編制完美的謊言，必須系統地規劃繁雜的公開資訊，也要和上游方和下游方對好口供，甚至收買政府部門，以致徹底矇騙，這甚至比踏實經營更麻煩，所以只會心懷僥倖地掩蓋明顯漏洞。只要找到這些漏洞，就可順藤摸瓜地延伸調查研究範圍，重組線索的關係圖。當然，以上絕不是盡職調查的全部，也不可能準確重估上市公司的具體價值，但至少也是有效的調查方法，收穫總勝於呆在辦公室看文件。

＼ 分析謬誤和預測通病 ／

《孫子兵法》有云：「多算勝，少算不勝」。評估、預

測、分析、盤算越多,對市場越了解透徹,勝算越高。然而,即使巨無霸級別的公司管理層,又或券商或基金的分析員,坐擁龐大資源和優秀人才,其市場調查研究結果,亦往往以偏概全,甚至嚴重失誤。有時,這些分析預測的錯誤,往往都來自共通原因。

數據取材和分析方法的缺失,包括:

1. 過度依賴內部人員

公司管理層和員工,往往是最直接的訊息管道。如估計來年的營業額,有些公司採用「自上而下」的方法,在數名高層主管之間選取平均數字,就用之作為今年的預測。好處是數字由主管提出,他們會承擔責任盡力達標,但由於數字只是主觀印象,也可能讓公司誤入歧途。

有些公司採用「由下而上」的分析方法,邀請前線營業員提出業績預測,集思廣益地吸納這些數字,再交給管理層,好處是吸納了前線的意見也許較準確;但必須確保(1)營業員解市場和顧客需求,(2)誠實滙報,不會報喜瞞憂,不會只說奉承討好的數字。在股市當中,有些上市公司為了「管理預期」,習慣作出於樂觀或保守的預測,基金經理就要自動調整,甚至自行預測,再約見管理層了解雙方

預測的差距原因。

2. 過度依賴市場調查

　　以消費者調查搜集客戶需求的數據，看似是科學化的方法，剔除管理層的主觀願望。然而，顧客大多是按照今天的環境判斷將來的需要，看不到未來趨勢之下，就可能誤判自己的真正需求。而且，企業表現除了建基於外在因素（顧客需要、經濟環境等），也視乎內在因素（管理層領導能力、員工才能、科學研究實力）。如若公司管理層或分析員過度聚焦於市場調查結果，則可能失之子羽。

3. 過度信奉數據趨勢

　　公司管理層或分析員預測時，都是根據過去的數據（例如過去 5 年的平均股價、平均營業額），推斷未來趨勢。這種線性延伸的推斷，看似簡單快捷，只是世事不會如此單純：（1）如果這種方法如此有效，那每人都會爭相採用，繼而也讓這方法失卻預測功能；（2）它有自我實現，例如股價突破平均線的阻力價位，大家就視為入市訊號而追買，自然也推升了股價，反之亦然。然而，過往有影響力的變數難保在來年仍然生效，即使將近年的數字「加權」占比，

亦難以完全擺脫根據歷史數據線性預測的窘境。

4. 忽略「催化劑」

假如企業擁有領導性的創新力和市占率，便可以隻手主導市場價格。例如蘋果「iPhone」和三星「Galaxy」的智慧手機定價進取，便足以拉升所有智慧手機的價格。再以股市為例，索羅斯只要表示看淡日圓，便會加劇日圓的跌勢。「催化劑」可謂市場上的深水炸彈，加劇市場股價趨勢，分析人員更要留意催化劑的時間表，並適時調整預測。

而預測方法以外的流弊則包括：

5. 欠缺實戰，崇尚空談

很多分析員從未參與企業營運，就對企業營運侃侃而談，以致恆隆（00101）主席陳啟宗一度批評分析員「你這麼厲害，就坐我的位啦」，合和（00054）主席胡應湘也比喻這些分析員為「可惡分析師（Bloody Analysts）」。由於充斥濫 充數的分析員，每逢他們集體看好或看淡，2007年唱好煤炭股，2013年唱好濠賭股，2013年唱淡內房股，2014唱淡內銀股，諸如此類都是股價物極必反的訊號，快

則一季內逆轉，慢則一年內轉勢，即使不是大轉勢，都有小陽春。

6. 執迷於精準的結果

很多調查研究人員初作預測時都力求精準，有些行銷人員對業績的預測就精準到個位數，有些分析員的目標股價甚至到了小數點後兩個位。事實上，營商環境多變，有些行業（如半導體和網際網路產業）更是瞬息萬變，這時則可採用「移動中的預測」方法，例如可以訂立較短期的目標（譬如一年），預測結果也只需以正負 15％的目標範圍（例如盈利增長 4 ～ 5％，盈利 1500 萬～ 2000 萬元）即可，這數字則可按季調節；有時動用大量人力，得到最精準的數字，如對公司做計畫沒有實質提升，只是浪費人力。

7. 對於「合理值」的心錨

不肯認輸不只是散戶的心病，也是分析員的心結。 很多分析員看錯方向時，仍將目光鎖定在大海內拋錨的「目標價」，對其客戶（基金公司）及傳媒搪塞辯稱，這是 12 個月的「目標價」或「合理價值」，而不是短暫股票行情。

當投資人買入股票後，股價卻掉頭下跌，一方面因犯錯而懊悔，另一方面又不甘心駛離旋渦，就像情人等待負心人回心轉意，最後才逐漸被大海吞沒。

科技股之中，如摩托羅拉（Motorola）和諾基亞（Nokia）等前代霸主在昔日的致勝絕招，一旦被對手拆解，而又無新招對應，或管理層級沉迷昔日戰績而不願變革時，就會拖累作多投資者陪葬。揭開瘡疤，需要莫大的勇氣。擺脫心錨、讓股價說話，難在承認錯誤和無知，難在面對現實，也難在迅速負責和糾正。

8. 內部流程延誤發表

有時分析員發表報告之後，其所屬機構卻推出大量的相反方向交易盤。散戶不了解內情時都以陰謀論懷疑，分析員的報告如不準確，就是為了舞弄股價，藉以讓大戶造市低買高賣。然而，在大型的歐美投行，法規部門都相當有力，研究部門亦有內部指引，嚴謹的內部監控都保證了分析員的獨立自主，不易與交易部門串謀造市。

而分析員在緊逼時間下調查研究公司與行業題材，本就容易出錯；尤其大型投資銀行的分析員調整股票評級時，尤其是機構觀點重大變動（如買入評級轉賣出，賣出評級

轉買入），都要經過直屬上司和投資委員會的審核，審批的報告都會先給機構投資者和私人銀行的客戶，然後才會公開予大眾。因此散戶看到報告時，股價已提早生變，先機已失。

提防分析通病，少走歧路

預測的價值，在於讓公司舵手知道營運方向，讓投資人知道公司價值。但商業預測和分析之難，難在受制於方法學的缺陷，也受困於主觀認知和心理偏差，甚至受圍於客觀條件的限制。即使是以預測聞名的宏觀對沖基金（如橋水基金（Bridgewater））和巨擘（如三星），也不能保證全知全能的預測，但擺脫分析的通病，至少可以少走彎路歧路，更接近現實和真相。

＼ 計算籌碼，感受流向 ／

股票市場都有幾類角色，也各懷鬼胎和心計，投身其中總能對號入座。正如在一場球賽，如能了解領隊的臨場布署、了解球員的性格特點和臨場踢法，掌握這些連評述員和投注機構也未必知道的部分，押注賽果就更有贏面。

然而這些角色只是粗糙的劃分，沒有絕對界線，現實中有些人士或機構就同時擔任不同角色，又或不同人士共同擔任一個角色，例如對沖基金也有作多，長線基金也會作空，有些基金也成為大股東，有些基金則化身為莊家不等。

多方盤據，動態博奕

在檯上擁有最多籌碼的一方，往往是大股東和內幕人士。大股東雖坐擁最多籌碼，但舉動也受眾人關注，看到股價直線上升欲乘機套現，往往心機算盡，找出諸多解釋藉口。至於內幕人士和莊家，則往往借用人頭戶口，以財技操弄股價。莊家需要在股價大升賺錢之前預先投入巨資，然而投入巨資之後股市也可能完場，也是滿手股票欲哭無淚。香港沒有漲跌停板，今後將有更多 A 股莊家登陸香港，每日升跌三、四成的股票，將來變成新常態。

除了公司管理層和內幕莊家，基金就是最主要的交易力量，然而不同的基金也有不同的策略。外資長線基金擁有龐大資金，也有直接面對公司管理層的訊息優勢，可以優惠條件買入股票，就像航空母艦，裝備和人員俱全，但轉身反應則較遲鈍。

歐美長線基金更關注公司管理、高層操守、營運策略、

競爭優勢、商業模式、財務數據，較少短線的頻繁交易，甚至在基本面不變時越跌越買。而港股的對沖基金大多來自海外，它們籌碼較少，但奉行精英主義，人員三頭六臂，他們也會研究產業主題和短期業績，但更留意短線的股價變動因子（例如籌碼分布、動態搏奕、催化劑時機），較少單純因為宏觀因素而買賣股票，行動更像靈敏迅捷的深海潛艇。中資公募基金則更關注國家政策轉變，但有時則要承受政治任務和政治壓力，不便作出對沖放空。至於中資私募基金，資金實力和人員質素最為參差，對於國策變動和主題熱點最為敏感，更擅大起大落的炒作。

面對基金和莊家的虎狼夾擊，散戶沒有資訊和資源優勢，因此成熟市場的散戶都將資金託付予退休基金或指數基金。當然，<u>散戶的最大優勢（也是唯一優勢），就是轉身容易</u>。散戶當中有些也是前分析員、前交易員、前會計師，可算是專業級別的散戶。我們也認識一些「小投資者」，擁有凌駕機構投資者的資金實力，也能持續戰勝大戶贏取巨利。

股權披露，揭示籌碼流向

研究股權變動，是一整套的動態組合拳，並非只盯著

個別指標就可成事。我們關注的資訊，除了報價機的掛牌盤路、成交額量，還有公司公告，更會追蹤交易所「披露易」的股權變動（SDI）和託管人轉變（CCASS）。這些公開資訊就像麻將檯上已打出的牌，即使不能從中看清對手全部的牌，仍可以之推斷後續的籌碼流向和對手布署。

　　股權變動是持股量和交易時間的披露。按照香港的證券及期貨條例，上市公司的董會成員或持股高於 5％ 的股東，無論比例多少、數額大小，都要申報和公布其持股和交易。由於公布業績前的某段時間也是禁止交易期，因此在業績公布前的 30 多天追蹤管理層的買賣紀錄，都可以看到耐人尋味的跡象。當然管理層也會透過其他人士「暗手」收集和炒高股票，待大成交時才靜靜出貨。

　　託管人轉變則是股票保管人的變動。今天，不少證券行或投資銀行都會同時擔任託管人，但大戶有時為了存倉費用或合約條款，也會要求證券行再交予自己熟識的託管人。大型基金的持股也會交予不同託管人（例如報價機上的 Y 盤，就是同時代表不同基金下單的經紀）；中小型股票則較易從託管人轉變看出跡象。由於股票交易都是「T＋2」交收，因此託管人的更新也是滯後兩天。查探託管人轉變之時，我們發現「Webb-Site」網站反而比香港聯合交易所

（以下簡稱聯交所）的資料有更好的排列次序。

　　當然，聯交所的股權變動和託管人轉變也不能反映全部事實。很多時候，散戶對於某股票持股高於 5％時，就單純地以為大戶看好。例如管理層回購股票，由於減少了流通的股票，讓原本低於 5％的持股人也要披露持股。

　　另外，香港證監要求持股 5％以上的股東要作出披露。大戶在 4.99％股權以下靜靜收集，待最後一筆交易才增加持股至 5％以上，散戶看到消息時，大戶已經收集完畢；相反地，大戶欲在高價減少持股，初段也會稍增持股至 5％，讓媒體報導這是「基金愛股」，在散戶爭相買入之時才慢慢套現。有時媒體報告基金在減持，散戶也不應單純以為這基金在看淡。很多基金集團就有不同策略的子基金（不少基金集團就同時設立了長線基金和對沖基金），人們看到正在減持的基金名字，可能只是來自旗下的不同子基金的指令，又可能是基金集團作出配對交易的內部對沖，也可能是集團的子基金透過交叉盤在交換股票。

掛牌盤路，反映莊家手影

　　我們有些朋友是投行或券商的現任或前任交易部主管。對於他們，每天報價機的畫面都是一個故事。首先，即市

的盤路最能反映莊家手影。**大盤下跌時最能反映莊家實力，尤其當大盤暴跌數天，僅有輕微下挫的股票（通常是中小型股票）就可能有莊家主持大局。**

例如：莊家看到在現價拋售的蜂湧賣盤，就會少量承接（但也保留小量在現價的賣盤），同時在更低價位重點布防，造成買盤多於賣盤的表象，以此安撫或阻嚇心急拋售的賣方，有些莊家為了節省資金，更會在收盤前 5 分鐘才拉升股價，讓當日股價看似仍然在圖表的支撐位之上。相反地，莊家如欲撤離，也不會明目張膽地擺出大量賣盤，甚至反手接下賣盤，刺激股價上衝，才會在更高價位逐漸賣出股票，但這時也不會一次過分砸掉即市現價的所有賣盤）。

無論莊家旨在護盤或散貨，以防打草驚蛇，也為了減輕成本，都不會在現價推出大量排盤，寧願在稍後的價位才展現真正布署。莊家也會統計不同價位的交易額和交易量（以便計算自己和對手的即市成本），這些即市的莊家活動，視乎市場氣氛而定，持續數分鐘到數小時不等，但如不是緊盯報價機，幾乎無跡可尋，也唯有如此，才能訓練判斷先機的觸覺。

我們那些資深交易員朋友，甚至能從更多細節推斷買賣的變化。例如，即市的平均成交價就能反映池內有否高

手在交易。若連續數天,都有經紀以優於當日平均成交價的價位下單,就反映有高手交易員正在替大戶慢慢收集或賣出。另外,排盤編號也能反映對手背景。尤其在 2014 年開始,透過「滬股通」或「深股通」買賣港股的排盤都有特別編號。P 盤通常是大手成交的指令,X 盤和 Y 盤則可能是正在交換股票的交叉盤。

膽大心細,時刻警醒

不少散戶以為,單憑交易時段的成交額量和價位,就可以計算出大戶的成本價。事實上,<u>無論是新股、舊股,對於基金大戶,開盤前、收盤後的競價試盤時段,才是最為快速流暢的交易時段。</u>另外,有些投資銀行或券商,在掛牌下單之外,也和大戶有後繼交易,例如協助大戶買入上市公司的資產,或成為上市的基石投資者(Cornerstone Investor),以便外人不易計算大戶的真正成本。

因此,在中價、細價股票的投機炒賣,在派對期間搭上順風車當然興奮,也要時刻警醒下車時機。大多散戶對於莊家進退都是後知後覺,尤其是中段追入的散戶也更勇進魯莽,尤其當股價跌穿平均線或趨勢線,莊家的派貨明顯已近黃昏,他們卻在撈底博取反彈,結果都是越撈越平,這時又不忍停損,讓本金從此被套。

CHAPTER

02

行動，從每天的行為開始

還原本相的方法雖然是王道，大部分的人也都有能力做，但極少數人真的會去做，因為大部分的人奉行最簡單就是最美的原則，但事實上用這種方法在複雜多變的股票市場是自我欺騙，因為大部分人不願意去理解複雜的結構，這是因為我們突然間需要作出大手術去改變自己幾十年來自欺欺人的老毛病，我們的腦袋會催眠我們，極力抗拒改變自己少用情緒血氣（即邊緣系統內的杏仁核），多用前腦前額頁皮層，然後將責任歸咎於各種自圓其說的藉口。接著跌回去快樂的簡單生活，做回一隻快樂的阿米巴變形蟲。

真正願意改變自己的人有福了，本書教你如何從生活中學習提升維度，慢慢變成習慣，增加對世事的穿透力，投資回報長期來説，只是反映你有多理解這個世界環環緊扣的變化及當中人性血氣的醜陋。

＼ 牛熊共舞，長短互易 ／

任何市場，投資策略萬變不離其宗，都可以簡化為「加、減、乘、除」四招。簡言之，「加」是作多買入，「減」是作空股票，「乘」是以融資槓桿倍大籌碼，「除」是去槓桿多持現金。「乘」、「除」是注碼比例的調整。諷刺的是，大部分的人都是只顧「加」（買入）而避諱「減」（作

空）。

分離宏觀風險，在微觀見真章

再複述一遍很多人都忘記的「股價變動因子理論」。當我們買入一支股票，其實同時押注在與股票相關的變動因素：個股因素、行業板塊、大盤氣氛、滙率變動等變數。**缺少「減」（作空），就不能分解股價變動的方程式，更不能產生出恰當的對沖策略。**

有別於人們追逐大盤起跌的「市場回報」，對沖基金經理更追求「超額回報」，即同時配置「作多」和「作空」，一方面對沖市場波動，另一方面捕捉錯價的股票。很多頂尖對沖基金（如城堡（Citadel）和薩克（SAC））都將「市場中立」策略運用自如，但我們在香港受制於「作空名單」和「借貨利息」等原因，有時未能達至完全的「市場中立」，但也盡量利用「多空交易」的「配對交易」剔除「市場風險」，乾淨利落地押注在有信心的地方。

即使在產業大牛市內，我們也會在轉角時機作空某些股票，以警惕自己依然處身鱷魚潭，增加對於危機的敏感。因此，我們不只買入具潛力的公司，搭上時代的順風車，也會作空失誤頻頻和落後時代的公司，讓資源流到贏家手中。

我們相信，藉著配對交易對沖「市場風險（Beta risk）」，持續地在特定的產業戰場探索，就越對風吹草動產生「感覺」，越能掌握市場的誤解的因由，越能預判市場何時修正誤解，越能從雜訊噪音提取關鍵情報，越能準確地判斷股票動向，更勇敢地押注。我們知道，<u>和羊群作對不是必勝的方程式，但沒有勇氣發現羊群之錯，沒有勇氣在催化劑（審判日）之前「對著幹」，就永遠不能贏取巨利</u>。

尋覓趨勢轉角，泡製多空交易

我們最喜愛的，是市值介乎數億或數十億美元，成交額由一千萬港元至一、兩億港元的中型股（當然近年亦開始買賣騰訊、阿里、聯想等大價藍籌股）。參與買賣中型股票的，大多是對沖基金及長線基金，這些基金經理的選股和操盤方法，都比內線人士或莊家更容易捉摸。因此，中小型股票的世界，絕對是講求技術的競技遊戲，運氣可遇不可求。

每天，我們常常幻想自己是各大企業掌舵人，推想公司管理層的改組、產品的設計邏輯和發展週期、催化劑出現的時機、產業對手的技術層次和專長背景、炒家和分析員何時會醒覺、基金對手的決策和下注速度，從中尋求市場期望與股價的落差。當股價高於「證券市場線（Security

Market Line，簡稱 SML）」就持有多單（買入），當低於「證券市場線」就轉持空單（作空），再不斷重算和重整，不斷調整注碼。

我們的多空配對交易的組合，往往視乎不同因素。有時，我們會根據競爭對手的催化劑（例如買輝達（NVIDIA）空英特爾（Intel）、買微軟（Microsoft）空谷歌（Google）），也可能根據產業鏈環節（例如買上遊空下遊）、環球地域（例如買中國空美國）、經濟板塊（例如買新經濟空舊經濟），有時是買一空一，也可能買二空二、買一籃子空一籃子。當我們發現了市場偏見和價差，或看到上市公司備受狙擊，都會伺機在對手傷口上灑鹽，也為了培養感覺而小注入或作空，再視乎情況加碼或減碼。

很多時，我們發現市場對於某公司某產品過度預期，就會伺機作空，在股價急跌後部分平倉（當股票突然抽升，我們也少量平倉），但留下一條小尾巴，就像讓深海落下的錨不再沉睡在海底（身邊也有基金經理朋友不謀而合有此習慣）。然而，有時在我們平倉後，有些長線基金認定這股票是墜落天使而在低位買入，部分對沖基金也反手買回挾倉[1]，讓股價在逆市上升，這時我們也會反手買入，在其業績公布前再慢慢賣出。

---

[1] 挾倉，是指利用大量買盤或賣盤扭轉股價跌勢或漲勢的操縱市場的手法。

科技股票常常出現這些突發情況，在這充斥混亂與矛盾訊息的時刻，即使是專業投資者也無法判別，是挾倉者勇敢還是作空者勇敢，成敗都要待開盅（業績公布）的一刻才知曉。因此，買入及作空、注碼的運用、時間的掌握，我們沒有既定立場，卻要常常更新催化劑時間表，以便隨時加碼減碼，甚至由作空變買入，也隨時由買入變作空。

適時調整配置，安然渡過逆市

在瞬息萬變的科技世界，投資更要靈活應變，我們也習慣調轉槍頭反手交易，有時今天買入的股票在明天就變為作空。或許有人批評這樣是投機的行為，我們卻藉此鍛鍊出市場觸覺和敏捷柔軟的身段。**在我們投資組合，作多大約 30 ～ 50%，作空 20 ～ 40%，現金 10 ～ 30%，每天都會視情況微調比例**。很多人都嫌這個比例保守，不像別人會在牛市大賺，卻幫助我們安然度過多次逆市。

有時，我們見市況逆轉，也會大幅增加「作多部位」或「作空部位」至 70%（當然這麼高度集中的持倉，風險不小，只能維持極短時間，不超過一週）。畢竟某股票在短期的作空比例急升，也會引來公司管理層或大型基金布署「軋空」。因此，作空交易都是小注獲利淺嘗即止，只

是平倉後仍欠勇氣一起反手挾倉，由此錯失良機。

另外，我們也重視股票的成交量和流通性，在高度流通的股票中，當股價下跌也較易撤離。還記得 2011 ～ 2012 年，富達傳奇基金經理安東尼‧波頓（Anthony Bolton）復出第一戰，就在香港股市虧損了其本金的 40％，死因之一，就是持有一大堆成長型但低流通性類型的股票，市況逆轉時卻走避不及。<u>流動性，往往是危急時保持逃生和捲土重來的救生圈。</u>

＼ 來自星星的對沖謀略 ／

韓劇《來自星星的你》（以下稱《星星》）所掀起的燎原之火，一度紅遍亞洲。劇集糅合科幻、懸疑、愛情元素於一身，環繞一段穿越時空的浪漫故事，講述滯留地球的外星人都敏俊（又稱都教授，金秀賢演），臨別地球之際，與高傲無知的明星千頌伊（全智賢演）成了鄰居，兩人從冤家久經波折變成戀人。

耐心守候，把握市場失誤

在第 6 集，都教授提到，自己早在 1753 年就開始投資

地產，他的土地大多位於首爾的江南地區。當年他準備在江南區買個地方建涼亭，這時狎鷗亭洞有一個梨園地主，由於當官失言而被革職，急欲移民而要割價放售梨園。後來，都教授也在江南三成洞一帶，以低價買入大片荒地，用來種桑樹和辦蠶場。在數百年前的首爾，江北才是政經中心，江南則是農田。從 1970 年代開始，首爾的重心開始南移，1988 年漢城奧運會促進了江南的城市化。窗陰一箭，當年的梨園與蠶場，成了今天的豪宅區、商業區、時尚旅遊區等。

在金融市場，決定一項交易能否獲利，往往不在賣出，而在買入之時。我們不只研究市場如何衡量公司的價值，更會留意群眾如何形成偏見，旁觀群眾將偏見和誤解推到極致，守候著市場失效的時機，進而在超買或超賣的時機重捶出擊，捕捉潛在的贏家，狩獵潛在的輸家。

停頓時間，分割空間

都教授可以停止時間，在萬物靜止的情況下，唯有他可以隨意活動，救出少女宜花、救出險些衝撞卡車的兒時千頌伊、救出在仙山上險些墜海的千頌伊，SBS 電視臺都用了在《駭客任務》中的時間停頓（Time Slice）手法，利

用了 46 臺可 式攝像機，同時從多角度連續拍攝同一時間的場景，黏貼不同角度的畫面，重構成靜止的立體畫面，抹掉重複的景物和人物，就像以慢動作呈現了同一時段或靜止的畫面。

物理學上有「時空不可分割」的理論，但在《星星》劇裡，在停頓的時間，都教授依然自由行動；當然，物理上的靜止，不是絕對的靜止，而是自己將行動加速，在別人眼中的一瞬間完成了數萬個動作。高手的場景模擬，就像暫停了時間，抽離當下，在天上鳥瞰人間，細看場景中人的言行思想和籌碼力量。就像麻雀高手從各人的牌面及小動作，看出每人性格和牌路，有時也會押注，同時留意其他聰明錢的去向，逐一找回拼圖的碎片，重現池內的籌碼結構。

「策之而知得失之計，候之而知動靜之理」，戰略高手的洞見，就是源於對人性的了解。在投資市場，我們常推想價格波動時的籌碼轉變、各方的力量和想法、為何停留在這個股價、每次市場出錯的脈絡。當然，沒人可以瞰盡玩家的籌碼，也不能避免檯上玩家造市和出千，但依然應該推想檯上的籌碼流動。這一切的滯後訊息，雖然不能助我們判斷當下的交易，但足可訓練我們的判斷力。

每當有突發的公司和行業新聞，我們就像停頓了時間，隨即瞬間轉移，飄洋過海去到紐約、舊金山，再到倫敦、巴黎，再飄回新加坡、深圳、上海……。幻想看到基金辦公室的基金經理和分析員的開會，想像不同參與者的市場觸覺和認知深度，包括本地和海外的對沖基金、國內和國外的私募基金、中型和大型的長線基金、賣方分析員、私人銀行客戶、管理層和內幕人士、炒家莊家等，再模擬他們的反應和決策速度。例如：當騰訊推出微信紅包，我們判斷有些合格境內機構投資者（QDII）基金和對沖基金都會立即增持騰訊，部分海外長線基金稍後跟進；當人民銀行暫停二維碼支付和虛擬信用卡時，我們也推想，某些合格境內機構投資者基金正在減持騰訊，長線基金則處之泰然。

時刻換算，攻守自如

物理和數學的世界都有秩序之美，但投資則牽涉到人性，牽涉人的預期和瘋狂。很多人嘗試尋找投資取勝的方程式，股價永遠是貪婪與恐懼相撞下的結果。索羅斯認為，人們都只能局部和片面地了解世界，所有的認知都有偏見和誤會（偏見理論），由於誤解和偏見會導致錯誤行為，

因此價格常常偏離價值，甚至會扭曲和影響基本因素，繼而不斷引發暴漲暴跌（反射理論）。因此，絕少人可以分離經濟實況和市場預期，更少人找到市場的規律。即使最頂尖的物理學家牛頓亦曾在股票市場折戟，之後更感歎「我能計算天體運行，卻無法計算人類的瘋狂」。

很多散戶在虧損之後，都會埋怨運氣、埋怨對手、埋怨市場。記得千頌伊陷於低潮時，都教授曾說：「不管你了不了解這個世界，這個世界都不會讓著你，就算你無止盡地墜入谷底，就算你覺得自己一身清白，實在被冤死的委屈，也沒人懂你的心思。你現在就站在懸崖邊，不小心就會墜入萬丈深淵，消失無蹤，所以請打起十二分的精神。」事實上，埋怨只是懦弱者的表現，棋局高手從不埋怨和拘泥過去，他們所以化險為夷百戰不殆，不只在於料敵機先的預判能力，更在於快速認錯改錯的能力、攻守自如的應變能力。

索羅斯認為，由於人類無法知道真理，只能不斷地試錯（證偽理論），才能摸索和接近真理。投資市場即使有規律，亦必然是超級繁雜的公式，即使組建了媲美聯準會的分析團隊，找到取勝方程式，亦要不停推敲、歸納、驗證、修正。

我們下注之後，也不停觀察牌局的形勢，不停細心觀察、代入不同角色，再抽離角色、跳出場景，模擬下一個場景，對照投資銀行的銷售單（Sales Note），從港交所網站「披露易」看股權變化、從託管人轉變和「Webb-Site」網站看託管人的籌碼分布、利用圖表看各方的對沖策略下注後的盈虧、從作空比例和借貨利息去看對沖基金的成本價和進場時間、從競價時段留意消息人士和大戶的動向等，如我們可以控制時間的節奏，就會先停頓時間，分解當中的人物情景，再讓時間回復數秒，印證自己的想法，判斷正確則增持加碼，發現出錯則抽刀斷水，棄權或投向對家，然後又再暫停時間，分析當中的模擬場景。

投資場上的高手，就像《星星》的「都教授」和《危機邊緣（Fringe）》的「觀察者」，極度冷靜，時刻都在計算籌碼分布，每當意外事件發生，就像建築設計的「設計模式（Design Patter）」、電腦科學的「平行算法（Concurrent Algorithm）」、軍事參謀的「運籌學（Operations Research）」、深藍超級電腦戰勝前蘇聯棋王的「蒙地卡羅演算法（Monte Carlo Simulation）」，都能快速重算或重調後續事件的概率，不停修正重組案情，不停優化策略。

天下武功，唯快不破

《星星》不只情節扣人心弦，就連製作模式亦發人深省。它的劇集製作流程，就是新經濟的精實創業模式：首先投入一個粗略的產品原型，然後不斷尋求回饋，從中學習和快速改良，讓產品更「用戶導向」，更好地適應市場，更快地爭取市場認同。

韓國電視臺一般在寫完 15 集劇本就會開拍，拍了 4～6 集就推出放映，之後一週拍一集。這樣的模式，可以讓製作組隨時回應觀眾要求，例如金秀賢在前數集的高領毛衣在後期改為低領，在第 18 集時收視突破 30％時讓大結局延至第 21 集；這模式也利於廣告和贊助商根據收視率來投放廣告量，譬如，通訊軟體「LINE」就是在中後段才投放植入廣告和片尾廣告。

天下武功，唯快不破。《星星》的製作模式，就是典型的網際網路創業模式：快速回應、快速改良。未來是新經濟的時代，今天引領投資市場的，也正是高新科技的股票，即使是在舊經濟的傳統行業，唯有適應和結合新經濟的商業模式，才能領導產業。我們看到，業界內很多基金，即使並非熟悉科技板塊，沒有高新科技的投資優勢，都要隨大流配置一點高新科技的股票，才能避免客戶流失。

同一套電視劇，不同觀眾可以領略不同層次的心得。下次與朋友聚會時，當劇癡都在回味浪漫情節、迷戀於男女主角的豪宅和俊臉，你才緩緩說著怎樣從中領悟投資之道，展現智慧的火花，應可以輕易征服眾人，在社交場上贏來得意一仗。

\ 集中精力！集中火力！ /

商管作家葛拉威爾（Max Gladwell）觀察若干異類人士的成名歷程，在其著作《異類（Outliers）》一書披露「業精於勤」的真相。他發現任何領域的成功人士，都是愛工作如情人，都是待事業如生命，忘乎所以、全心投入、全神貫注，尤其在入行前後，都有逾萬小時勤奮專注和堅持不懈的苦功。

作者舉出莫札特（Wolfgang Mozart）、披頭四（The Beatles）、比爾‧蓋茲（Bill Gates）為例，除了有過人天賦、生得逢時，但都是在成名前，在專長領域，專注而持久地花了逾萬小時的苦功。天下沒有免費午餐，機緣巧合往往都是建基於熱情勤奮的基礎之上，正如我們一直深信，對於工作用心、對於研究專注、對於投資集中，情之所至、心有所主，才能超越同儕。

1. 專注於工作：心有所主，情熱即狂

今天的香港，很多人只將投資視為工作，厭倦超時工作，但對於我們，投資就是生活，因此也是融於生活、源於生活。當別人都欣羨金融圈的豐厚收入，卻沒有想像我們都是三頭六臂，下班後還去參加行業聚會，凌晨還在回覆公司電郵，週末還在留意行業動態；當別人在地鐵玩手機，我們在地鐵看分析報告；當別人在社交網站上載照片，我們在社交網站與分析員討論股票；當別人比拚微信紅包的金額，我們卻在分析微信紅包怎樣影響騰訊的股價。

香港和中、臺的經濟差異，早已遠遠小於競爭力差異。在科技行業，臺灣的台積電與聯發科、中國的華為與聯想，員工莫不是日夜想著公司與行業，常常由日出至月出地工作，即使是普通市民，下班後都是趕赴進修或業界聚會，在地鐵中看電子時報，在家中看資訊性節目。

反觀香港，大家都為五斗米而工作，沒有實現自我和改變世界的熱誠，不理解賈伯斯為何以熱情死而後己，不明白比爾・蓋茲為何盡捐財富卻退而不休，不明白李嘉誠與王永慶為何老驥伏櫪，大學生只顧吃喝玩樂，上班族只顧辦公室政治、下班只顧聲色犬馬，在錦瑟流年，最應奮發吃苦之時選擇安逸，正是韶華傾負，蹉跎歲月。

2. 專注於產業：天道酬勤，占地為王

在任何牌局棋局，新手初下場，有時都會以盲拳和好運戰勝老師傅，平時都不敢擅自找人論劍；但路遙知馬力，高手都是憑實力見真章。事實上，人們總是不甘引誘到投入其他賭檯，卻很少有人長期待在一兩張賭檯提升技術。在這階段，普通人可以做的，只有兩件事。

<u>首先，是選擇戰場</u>。《孫子兵法》有云：「途有所不由，軍有所不擊，城有所不攻，地有所不爭。」散戶沒有大戶的訊息優勢，就更應避重就輕，找到屬於自己的戰場。最適宜散戶的戰場，不外是工作的領域、有興趣的領域、擁有相熟朋友的領域。如果在工作上沒有熱誠，不妨可以將自己的行業「證券化」，並在行業尋覓同道。任何人只有24小時，那怕是門外漢，每天集中專注，鑽研行業或股票（研究行業的熱點題材和上市公司、研究這些公司與投行券商的關係、研究在這板塊的對手行為），當發現自己滾瓜爛熟，比行內人更內行、比分析員更熟悉、比財經演員更能糊弄，就離成功不遠了。

<u>然後，時刻反求諸己</u>。很多散戶投資時，都會盲信報章、盲信專家、盲信朋友，只懂查問股票號碼，只懂盲從市場跟風買賣。不少專家就像千手觀音，看似順手拈來樣

樣精通，其實都是浮光掠影誇誇其談，有些基金經理也習慣躲在冷氣房靜候分析員餵飼報告，不再親自下苦功調查研究。散戶虧損時，只是聽信人云亦云的傳言，埋怨莊家的財技或財演的解說，不去深究大戶背景、不去驗證大戶手法、不去拆解籌碼流向，只求讓自己好過，卻不能讓自己成長。

　　<u>對於股票，我們不應像對戀人那般死守不放地「持倉」，卻應像談戀愛那般夢魂繚繞地「研究」</u>。散戶沒有分析員的經驗，就更要靠閱讀補救，不只是看沉悶的理論書或泛泛而談的宏觀分析的書籍，反而多看頂尖投資人的小說和傳記，了解這些對手的判斷取向、日常生活、交際圈子。當你發現，自己直至深宵仍在全神研究轉捩點和催化劑，為此輾轉難睡，就是成長進步的標誌。

3. 專注於持股：並敵一向，集中火力

　　巴菲特認為，99％投資人都應該像「煙蒂投資法」那般分散投資，並且避免頻繁交易，很多投資書籍也宣稱「不要把所有雞蛋放在一個籃子裏」，就像指數型基金追隨大盤，也降低交易成本和分散風險。然而，自1966年起至今50年，巴菲特的頭五大重要持股，就長期占其總資產70％

以上（只有極少數年分接近 6%）。另一價值投資代表人彼得・林區，雖也持有數百支成長型股票，但也曾表示，小投資人理應限制持股，例如可以把組合限制在 5 支股票以內。

分散投資往往沒有戰勝大盤的收益率，只適宜欠缺毅力的懶人，也無助投資人的成長。而且，很多人也矯枉過正，就像開股票超市，僅有少量資金就買入大量的垃圾股票，只有分散持股，卻沒有注意持股質素，也沒有分散行業、分散地區、分散資產類別，結果牛市時沒有同步大升，在熊市時往往全線皆跌。

事實上，**如有事前充分研究，集中更易獲得較好的收益。**由於人們只具備有限的精力和注意力，集中投資才能充分了解和長期跟蹤心儀的產業和公司，分散投資只會讓人進入不熟悉和不擅長的領域。其次，在任何市場中，優秀股票都是少數，真正擁有良好管理和亮麗前景又受市場忽視的股票，永遠都是資源稀少缺乏，集中投資才能把握珍貴的投資機會。最後，集中投資也會使人提高選股標準，集中火力在最好的股票，分散投資則難免納入其他平庸企業。

當然，**集中投資也可以根據資金量稍作分散。**尤其對於少量資金的投資新手，可參考巴菲特和彼得・林區的意見，

僅有數十萬資金則最多持股 6 支，10 萬資金以下則最多持股 3 支，擁有過億資金最多持股 12 支，中庸投資者保持 6 支持股，算是攻守均衡的數量，再少則風險越高，遇上極端事件則全軍覆沒，但持股越多也越難管理。當然，也可視情況調整倉位比例，更有成長性或自己更熟悉的股票可占稍重比例，相反亦然。

今天開始，踏步向前

然而，沒有人能保證了解上市公司的全貌（尤其散戶不能像巴菲特那般影響董事局決策，也不能像基金經理可以約見管理層，於此由然），**首要始終是本金安全，然後才是超額回報**。即使企業經營穩健，但產業和宏觀環境流變無常，當出現黑天鵝事件導致基本面惡化，更要敏感地止損；如看到公司盈利減退、估值過高，或發現更好的股票，則可酌情賣出。

在投資路上，沒有人天生就能走在紅地毯上，現在何方並不重要，未來的方向才是重點。市場有無限機會，也不可能把握所有機會，但只要保持集中和專注，將自己的一把刀打磨至極，總能找到自己的一片天，在自己的領域屹立不殆。

\ 工廠調查研究的那點事 /

作為基金經理，需要經常參加在不同企業工廠的反向路演（Reverse Roadshow）。過往平均每月都有一、兩次由券商或公司安排的公司或工廠視察，大到可以是一輛旅遊巴士，小型可以只是輛 7 人車。由於不同公司會吸引不同類型的投資者，所以這都是好機會去掌握公司動態、了解同行想法，也結識更多朋友。

從產業鏈角度找關鍵螺絲釘

同樣是實地考察，審計師盤點，更看重存貨的「存在」與「完整」，較少走入生產線。記得有位會計師師兄提到，過去某石油化工企業在廣東省油庫清點石油存貨量，曾要爬上 10 層樓高的巨型油桶，用特殊工具探入桶內測量出高度，進而計算出石油的體積，就這樣一連數了數十個，才能保證存貨數量準確。

又有一位審計師朋友曾去清點某藥品公司的存貨，據說部分藥品每盒便要幾千港幣，堪比黃金。公司將這些藥品放在倉庫內的冷藏庫中，但由於藥品貴重，若存貨不存在或不完整便會直接影響存貨價值，這位朋友便走入冷藏庫的每一角落。幸好工作人員準備了厚外套給朋友，否則

穿著單薄外衣在攝氏 4 度的溫度裏盤點兩個小時，之後必會大病一場。又比如有朋友要去禽畜公司的豬圈數豬，由於豬隻數量不少，又四處跑，盤點起來要花費數小時，再加上環境惡劣、氣味難聞，真是苦不堪言。

1. 看管理層

參觀工廠時，分析師則毋須像審計師那般辛苦（雖然也在巴士坐了數小時）而精細地盤點，反而更關注公司管理和業務發展。正式參觀生產線之前，管理層向現場的投資者和分析員介紹公司近況及預期，之後就是問答環節。此時<u>我們更在意兩點：一是分析員與投資者的關注重點，二是管理層的態度</u>。

分析員的發問，大多是查詢銷售情況和產能訊息，以便預測估值和股價。所以<u>了解分析員的邏輯，便能掌握市場預期，尋找到更多超額回報</u>。這時，管理層的態度則影響市場對公司的判斷，若對公司的半年前景表示樂觀，而公司的過往紀錄都能達標，分析員則可能給出更高估值，進而推升股價。除此之外，<u>我們不僅聆聽管理層「說了什麼」，更要聽他們「沒說什麼」</u>。如若管理層迴避某些時段的業務狀態或某些產品的銷售水準，那麼將會反映此時

失色。我們也會思考其他相關問題，比如工信部公布第一季度中國智慧型手機銷量下降之後，為何管理層在此時舉行反向路演？同時，也會留意管理層在回答問題時的神態語調和肢體語言，這些種種細節，都能展現出管理層的真實一面。

2. 看生產線

反向路演的重點就是參觀生產線。筆者幼年住在上海城隍廟旁，驚歎於別人食完大閘蟹後還能拼合還原的能力，因此常常推想如何拆解「iPad」、「iPhone」這些潮流電子產品的五臟六腑。在我們看工廠的時候，呈現在面前的半製成品零件，對於我們這些內臟迷更是極度吸引。參觀時，公司都有專人陪同和講解，大家都有類似的關注點，例如生產線數量、生產效率、產品良率、特殊技術、新產品研發、自動化程度、工廠的衛生（員工進入生產線有否穿戴頭套和鞋套等）、污染和廢品處理（垃圾和廢水）等問題。

當然，各地的基金經理總有不同的關注重點。歐洲的基金經理都會問及工人待遇、生活、安全、環保（因為為良好的衛生和廢品處理，能夠提升生產效率及良率，也避

免政府處罰，有助控制生產成本），但美國的基金經理則更關心良率、效率、工人輪班時間，更常發問那些是機器自動化或人工的步驟（或許覺得工人乾坐幾小時做著重複的動作匪夷所思）。

然而，很多基金經理對於工廠的設備及生產流程都是一知半解，卻也跟著來看工廠，因需要結合財務報表及管理層質素而作出買賣建議，當然願意來看，總比從沒看過好。**筆者近年看過無數工廠，早已不太注意工廠介紹，有時也會了解一下設備使用量、良率定義、關鍵製程，但更從產業鏈的角度去印證自己的預想，找出股價的關鍵「螺絲釘」。**

工廠的午餐一般在公司食堂，較好的也許有行政人員餐廳，但也和券商的相距十萬八千里。在午飯之時，筆者也會找普通員工聊天，了解他們的生活以及對公司的滿意度，也算是補充的投資分析。歐、美、日的基金經理，平時習慣躲在冷氣房內作決定，只參加券商的盛宴，如果能在工廠內吃一頓「高級午餐」，會有更深刻的體會。

3. 看各路高手

筆者也會觀察有那些跟團的分析員，以此感受市場對公司的熱情度，如果更多賣方分析員到來，便可能引來更

多大型基金的關注。有的公司拜訪時，常常還看到美林、高盛的頂級分析師，這次筆者見到幾位野村證券和麥格理證券的分析員。他們以前雖未研究過這間公司，但隨著公司業績向好，似乎也反映市場熱情漸高。

很多公司拜訪的人士，都有來自五湖四海的基金，也遇到著名的長線基金經理和明星分析員。在這次參觀中，很多都是香港的對沖基金和內地的私募基金，當中有不少既熟悉公司基本面也慣於在市場拚殺。車上很多人都各有所長，身懷絕技，也許看工廠不是專長，看股票卻有很多心得及經驗，但由於大家平時都是忙人，即使業績會碰到或路演碰到都只能匆匆幾句，很難也很懶相約聚會，因此當發現有美國那斯達克（NASDAQ）或費城半導體指數（SOX）股票專家，又或歐洲或臺灣股票專家時，都會咬著不放。

在等車和坐車過程中，有些人會小睡，筆者卻借此時間認識對手，聆聽他們的高見，在參觀展品和午飯之時交流看法，也藉此了解市場情緒。有時，他們看好看淡的觀點都同樣強烈，也各有道理，但筆者往往更留意看空者的想法，因為分析員往往慣於給予正面或買入評級，較少給予負面評級。當然，決定股價的，還是要看公司的經營狀

況、市場條件、管理層態度、多空力量對比。

在這種討論中，大家都獲益良多，有時難得遇到高手，深入討論全球的手機、電視、電腦、平板電腦產業鍊從上到下、從左到右、從前到後的投資亮點（買入或作空），短短的一日行程，又打通 3 ～ 5 ％的經脈，這種分析邏輯及對公司的感覺比市場訊息來得持久受用。

＼ 生活調查研究，隨處是方法 ／

研究股票未必就要埋首研究文件，除了在彭博終端機前檢視財報變化和資金流向，多從生活中取材，多激發腦筋，更能挖掘靈感。很多散戶都有萬般藉口說無法得到大戶的資訊，只顧盯著媒體報導。

誠然大戶由於有龐大資源，更方便調查研究上市公司和影響其決策，也知道更多內幕消息，美國的長線基金甚至直接參與公司董事局決策，中國的大型基金也更早知道政策走向和莊家動向，但在科技網路行業，最有價值的訊息往往來自公司公告與財報、行業報告、產業專家評論，以及來自對於公司管理層的了解。

事實上，巴菲特和彼得・林區，都擅於在生活細節中

調查研究，擇時買入「最有感覺」的股票。沒有大戶的內幕資訊，只要長期專注於熟悉的股票，單憑公開管道，也能憑著產業知識和作多空技術，獲得超額回報。

1. 谷歌趨勢

如今任何調查研究都會首先執行簡單的「Google 搜索」或訪問競爭對手的網站，但谷歌的其他工具，例如谷歌趨勢（Google Trends），就可以掌握不同行業的總體動態和公司對比。另外，部分統計網站，如「SpyFu」、「Alexa」、「Compete」、「Keyword Spy」都可以蒐集到不同公司正在購買的搜索關鍵詞和廣告關鍵詞。

2. 公司的新媒體帳號

如今的上市公司都設有社交網路（面書、領英、推特、微信、微博等）或點評網站帳戶（Yelp、Citysearch、大眾點評），添加關注他們的官方帳號，都可以了解目標公司的動向。

3. 公司的招聘資訊

招聘廣告往往會反映公司動向。招聘的職位要求就透

露了公司的運作，比如招聘程式員就會公布他們正在使用的技術；招聘的職位性質也會反映業務動向，比如招聘專利律師說明可能在研究重要發明，招聘人力資源專員說明可能擴大規模。

4. 直接致電

有時直接致電給公司，巧妙地提問，也可從公司人員口中暗暗套取商業祕密。例如想知道對方的員工數量，可以假意表示對方規模很大，但希望得到單獨指導，順道詢問對方的全職顧問和支援人員的數量等。

5. 走訪門店

臺北或深圳的門店推銷員的產品知識，遠勝香港的百老滙和豐澤，遇到「識貨」的顧客，往往引起濃厚氣氛。新竹科學園的午飯，90％的人都在盯著電子股報價及新聞，臺北誠品的手機推銷員，往往表現出驚人的產品知識。深圳華強北路由於是國際知名的移花接木山寨街，到處都是拆解電子產品的雜誌，店員更能深入了解產品的內臟零件。只要走入其中問個半天，對於零售市場的所知所學，有時遠勝看百份分析報告。

6. 分析員報告

　　散戶都能從財經網站或券商拿到免費的分析報告。分析員完成報告之後，會先給投資銀行自己的客戶看（事實上，有些獨立思考的基金經理，即使認同賣方分析員的判斷，亦未必按照報告而下單，可能在其他方面回饋分析員）；當客人下了決定後，便會賣給券商，當券商的客戶看了且下了決定，才會免費公布。然而散戶看到這些報告時，已是滯後多時的三、四手訊息。而且，<u>今天的報告已不像當年甫出市場即引來跟風買賣，因此相對於買賣建議或目標價，更應留意分析員的論述角度和關注數據，以培養對股票的感覺。</u>

7. 行業展銷會

　　有時，我們還會參加行業展銷會和博覽會，甚至參加行業協會的會議，都可以掌握對手的產品，甚至在展覽中親臨對手的展臺，看看他們如何與客戶溝通、考證他們的產品品質。

8. 行業機構報告

　　如有投資美股，顧能（Gartner）、鄧白氏（Hoovers）、

「ReferenceUSA」就常常針對不同行業和競爭陣營發表報研究報告（不少都是免費或低廉收費），都能針對性地了解行業的發展方向和需求變化。透過「谷歌快訊（Google Alerts）」，也可以及時收到有關公司與行業的快訊。

9. 人際網路

有時身邊親友的體驗和評價，也是反映產品優劣的消費者調查。更廣泛的管道，則可借助社交媒體，透過「人拉人」方式加入投資群組，毋須見面，亦能諮詢心中的疑問，也更了解別人的看法。

多走多看多聽多想，功課越多感覺越深

調查研究方法千種百樣，源於生活、融於生活，當然不止以上寥寥。今天的上市公司的資訊日漸透明，機構投資者仍有資訊優勢，但已經不再是必然致勝之道，懂得在生活中「掘金」，也能探測知上市公司的供應商比例、客源比例、目標市場、運作模式、產品缺陷等，這些都是比分析員更快更準的領先情報。當然，不做功課有時也會得出相同的決定，甚至贏得更多。<u>有時初入門者，往往因為越做功課，越容易死於過分自信及轉身過慢</u>。可是，天下

有這麼多「專業笨蛋」比人多花數倍的時間分析股票，分析更多更深，長遠來看總有更堅實的勝算。

＼ 作空的藝術，穿上大戶之鞋 ／

踏入 2023 年，中港股市大幅波動，但在聚會發現，即使很多人看淡後市，也只會買入認售權證或押注期指下跌，不敢直接作空。作空只是買股票的相反流程，預先借貨拋售，然後在低位回購平倉。

作空的監察數據

作空的操作，可分為基本面及市場面。基本面，大都是價值投資法的延伸，例如分析什麼股票可能出現負面警示或被分析員降級；至於市場面，則要參考圖表、股東增減持有時間、籌碼大小、作空比例，以洞察買賣陣營的虛實。一般而言，我們都會以基本面選擇獵物，以市場面決定時機。

<u>第一類，是作空名單</u>。今天的港股作空名單已包括絕大部分大、中型股票，當然也有些中、小型股票，由於成交量不足的原因，成為作空網的漏網之魚。有些中資科

技股不在港股作空名單，卻名列美國的港股美國存託憑證（ADR），這時放空美國股票，更毋須繳付資本增值稅。

第二類，是作空直接相關的數據，例如作空金額、作空比例、作空利息。由於外資長線基金或內地公募基金較少以大注作空個別股票（也許偶有作空期指），如若股票出現大量作空盤，可能意味這時有較多對沖基金參與，也暗示了股價已屆短期超賣和反彈的時機。

第三類，是股權變動的數據，例如聯交所「披露易」的股權變動和託管人轉變。即使是滯後數天的數據，有時也未必知道中、大型股票的持股人，但股權人和託管人永遠是最直接探知池內對手的管道。

第四類，是借貸利息和除息日，因為作空有派股息的股票，如若作空倉位越過除息日則要付出利息。坊間很多網站，都有提供上述數據，如「Webb-Site」網站就會重新編排聯交所的港股數據，雅虎財經（Yahoo Finance）或谷歌財經（Google Finance）則會陳列美股數據。這些指標，投資者即使自己沒有作空，平時也應留意。

作空是加速成長的苦口良藥

很多散戶都認定，作空只是大戶的專屬財技，以自己

資金和時間有限等藉口，逃避嘗試和拒絕作空技術：作空需要高深知識、作空要緊密地盯著報價機、作空要負擔高昂利息、作空手續繁複、作空要承擔股價上升的無限虧損等。然而，我們堅持認為，對於投資人的成長，作空才是延年益壽的苦口良藥。

首先，也是最重要的一點，作空可以對沖跌價的風險。人們熟悉的公司不會直線上升，即使市場有幾千支股票可供選擇，但都只局限單邊買入和持有。不能反手放空，等於只能被動地坐等股價回升，受制於大盤，繼續在羊群中追逐目標價和參考價。即使買入或賣出認股權證及期貨指數等衍生產品，也是單邊賭博，也難免會承擔「系統性風險」。但當選定了作空目標，就從此要留意股票的基本面或資金面的負面因素。在「作多」之外加入「作空」，組成「配對交易」及「市場中立」的組合，也往往代表了投資人更客觀辯證地看待市場波動，力求在價格升跌之時都能持續獲利。

作空可以擺脫心理偏差和謬誤。大多投資人都以作多買入為主，但如在作多之外配置作空部位，則有助摒除過分樂觀、一廂情願、心錨等心魔和偏見，更平靜坦然地審視股票。正如人們走到半途才發現路障重重，通常都不願面對回頭路，而是繼續前行，但邊走邊後悔；加入了作空部

位，代表走在路上，前行後退也能去到目的地，不再偏執於原有決定，更能及時修正。

作空可以培養市場觸覺和拆局能力。由於需要支付借貸利息、承擔股價爆漲的風險，作空者不能無視短期股價，反而要留意分析千絲萬縷的因素：基本面的變動、催化劑時間表、對手籌碼的變化、多空部位的比例、個股注碼的調節等，相比純作多投資人，作空者未必更能獲利，但長期在恐懼和擔憂之中訓練拆局能力（茶飯不思、輾轉難眠，正是極速成長的特徵），往往有著敏銳觸覺和寬廣視野，單看著報價機也比常人有更深刻的體會，有時單憑掛牌指令的次序、大小、速度，就能猜到正在買賣的幕後玩家。

作空可以擴濶投資眼界。由於作空要承擔額外成本，人們都以為，只有坐擁內幕訊息（或自以為擁有額外訊息）的大戶才會作空個股。事實上，按資金實力、投資策略、地區國家，大戶的類型也是千差萬別。正因大戶擅用作空玩弄散戶，那麼唯有學習大戶的技術、親身穿上大戶（基金經理、分析員、莊家、管理層）的鞋子，才能感受他們的共同心態，了解他們的毛病、漏洞、盲點、誤差，尤其是更了解「作空者」和「挾倉者」的心態，從而將計就計，防患未然。

可能是較不重要，卻必須一提的是，作空更容易賺取暴

初級～中高級模擬測驗卷

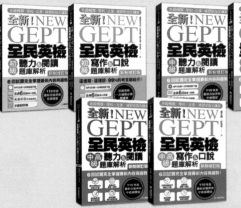

國際學村 新制多益、全民英檢專業準備用書

全新全民英檢初級聽力＆閱讀題庫解析【新制修訂版】
符合110年更新題型，名師打造6回精準試題！
作者／國際語言中心委員會、郭文興　定價／350元・MP3＋QR碼

全新全民英檢初級寫作＆口說題庫解析【新制修訂版】
名師打造6回精準試題，99%的考官都給分！
作者／國際語言中心委員會、郭文興、許秀芬　定價／350元・MP3＋QR碼

全新全民英檢中級聽力＆閱讀題庫解析【新制修訂版】
配合新課綱「素養」核心，完整模擬6回實際考試情境
作者／國際語言中心委員會、郭文興、許秀芬　定價／420元・MP3＋QR碼

全新全民英檢中級寫作＆口說題庫解析【新制修訂版】
6回試題掌握最新趨勢！各級機關、學校、補習班指定購買！
作者／國際語言中心委員會、郭文興、陳鈺馨　定價／330元・MP3＋QR碼

全新全民英檢中高級聽力＆閱讀題庫解析【新制修訂版】
6回最新改版英檢中高級題型！學得會、考得過！
作者／國際語言中心委員會、郭文興、Emie Lomba　定價／550元・MP3＋QR碼

全新全民英檢中高級寫作＆口說題庫解析【新制修訂版】
6回寫作＋口說測驗，反映最新命題趨勢！
作者／郭文興、許秀芬　定價／360元・MP3＋QR碼

利。由於成熟地區的市場，大多是慢牛快熊，也就是在牛市慢升，在熊市急跌。由於股票下墜時，速度和力量都較爬升之時急速，因此不少對沖高手都在股災滿街鮮血時狠狠獲利。

投資者如擔心個中風險，可以小注（持倉總額的 5～10％）小試作空的牛刀，體驗其中的感覺，熟練後可慢慢增加至 50％，甚至同時軋空。只要建立以作多空為本的配對交易，配合籌碼加減，既能培養觀察市場的嗅覺，又能訓練深思熟慮冷靜應變的情商，獲利時還要小心低調以免說錯話，成功地藉作空獲利，有著心曠神怡騰雲駕霧的成功感，視覺豁然開朗，突然由二維進入三維、四維的世界，日子有功，持續地置身於風口浪尖，在血染刀口的戰火中學習，就是催逼自己極速成長的捷徑。

不進則退，香港或許會變內地人提款機

自由開放的資訊和資金流動、完善公平的監管制度、豐厚的投資工具，讓香港成為勇者和冒險家的樂園。但今天的港股市場，大半公司都以內地為總部，逾半管理層都是在內地人。對於投資技術，內地人只是缺乏國際金融經驗，但有著更強的求知慾和執行力，更能把所學付諸實行，更擅長研究中國的產業和公司。中國目前只限作空大盤，

如果提早推出 A 股作空平臺，當他們熟習了作空個別股票，移師南下之日，就更能發揮其資訊優勢，連同海外聰明錢，將香港股市當成 24 小時提款機，那時香港散戶的財富可能會加快蒸發。

投資市場不進則退。在歐美成熟市場，作空只是常識性技巧（未必常用，但多有嘗試）；今天中國不斷完善融資融券機制，股民也在配對交易技巧上急起直追。今天的小投資者只有兩個選擇：要嘛繼續埋怨資訊不對稱，埋怨大戶放空大盤，要嘛積極裝備，學習價值投資法之外的殺者（作空當然是殺者之一）；如面對小小的作空大門，如閣下仍猶豫不前，那更不要藉著宏觀研究洞察大盤，不如直接認輸，安分買入盈富基金（2800）或 A50（2823）來得穩定。

小注嘗試，迎接人生轉捩點

金融市場充滿弔詭，唯一不變的現象就是世事常變，唯一安全的做法就是擁抱不安，唯一擺脫風險的方式就是擁抱風險。穿上大戶的腳子，冒險過程中難免犯錯和受傷，但只要沒有在風浪中淹沒，總會發現：錯誤會變為養分，痛苦會升華成智慧，傷痕會印證出勇氣。

2

從何獲得
超額報酬

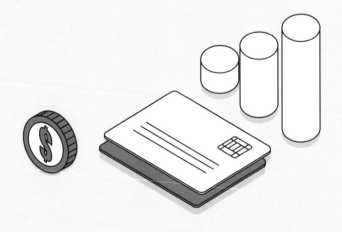

超額報酬的本質是資訊不對稱。在科技急速演變下，投資人的
知識儲備往往未能快速跟上技術變革。因此，提前洞悉未來的
科技浪潮，並提早於相關受惠產業布局，將會是領先市場的關
鍵。而在人工智慧的加持下，學習新領域知識的難度將會大幅
降低，令每人都有機會成為通才。要在未來跑贏市場，絕不可
以只依賴傳統的財務知識，而是需要同時深入掌握宏觀的社經
和政策走勢，以及微觀的公司和產品變化。持續不斷地快速學
習才是超額報酬的來源。

科技發展及未來投資動向

本章將討論熱門的科技產業格局,包括環球半導體分工情況,介紹各國的在逆全球化下浪潮的戰略布局;透過近期火熱的 ChatGPT 背景,剖析人類如何在人工智慧時代中求生;討論虛擬實境(Virtual Reality,簡稱 VR)作為未來計算平臺,目前所面臨的困局及可行的出路等。期望讀者可扼要了解這些重大趨勢,從而在新時代中提前布署,把握技術大轉變下的制勝關鍵。

全球半導體產業戰國七雄對戰: 美國/中國/臺灣/日本/南韓/荷蘭/德國

半導體是非常特別的一個產業。首先,宏觀而言,在過去數十年間,環球物價不斷升高,但半導體的價格走勢卻完全相反。如果以單個晶體管的價格而言,現今的晶體管僅為 60 年代的十億分之一,降幅極為驚人。這主要是基於摩爾定律[1](雖然目前已失效)的推動,使世界各地的晶片巨頭可以基於清晰的目標互相激烈競爭,拉低生產成本。其次,作為全球化最明顯的產業之一,半導體產業是各國

---

[1] 摩爾定律是指積體電路上可容納的電晶體數目,約每隔兩年便會增加一倍。

通力合作下的產物。然而，在地緣政治漸趨緊張的逆全球化浪潮下，半導體業亦首當其衝，已經迎來翻天覆地的巨變。要洞悉世界局勢的演變，必須要讀懂半導體業的競爭格局，判斷各國彼此之間的利害關係。

半導體的國際分工

　　談及半導體，首先必須討論美國的實力。時至今日，美國雖然仍有舉足輕重的重要性，但核心優勢在於龐大的專利、人才、經驗累積，在無晶圓廠（Fabless，即公司只負責設計晶片，而把晶片外包至其他公司）、軟體、設備方面表現出色，但本土製造的能力較弱。蘋果（晶片只供內用）、高通（Qualcomm，設計手機處理器及基頻晶片）、輝達（設計圖像處理及人工智慧加速器晶片）等公司具世界頂尖的開發能力，但沒有自家工廠生產晶片。同時，應用材料（Applied Materials，半導體材料工藝設備企業）、科林研發（Lam Research，蝕刻[2]及薄膜沉積[3]設備企業）亦是半導體前段設備的領軍企業。最多人忽視的是軟體方面的實力，因為軟體才是世界各國依賴美國的硬體（不論設備、晶片還是終端產品）的關鍵。

---

[2]　蝕刻是指介電質蝕刻或導體蝕刻，用以從晶圓上移除薄膜材料。
[3]　薄膜沉積是指把不同材料（如：介電材料）附加在晶圓表面上。

以人工智慧領域為例，輝達的「CUDA[4]」生態圈使軟體工程師能夠以高階語言[5]輕鬆調動加速器晶片（AI accelerator）的計算能力，而不需花大量精力學習低階語言[6]。這導致學校教授的編程語言亦是美國標準下的語言，形成大量軟體開發群體。而基於反向兼容（Backward compatible，即新產品可以與舊產品和服務溝通）的需要，即使有新的語言生態比「CUDA」更高效率，除非有極為明顯的差距，否則在人類的惰性下，大量工程師並不會輕易轉移至新的生態，而拋棄自己幾十年的「CUDA」經驗。類似的情況在電子設計自動化（Electronic Design Automation，簡稱 EDA）產業亦十分明顯。美國的新思科技（Synopsys）及益華電腦（Cadence）公司是全球知名的電子設計自動化霸主，大量的晶片都是透過這兩間公司的軟體開發而成。在晶片開發週期越來越短，但複雜程度卻急速上升的今天，很多公司即便有其他更便宜的電子設計自動化可用，亦根本不敢貿然轉用其他軟體。因為相比起占總體成本較少的軟體授權費，流片[7]成本才是主要的開

[4]　CUDA 是輝達所開發的軟體平臺，令軟體工程師可以用圖形處理器（GPU）處理通用類型的計算項目。

[5]　高階語言（High level language），是指以接近自然語言所寫出的編程語言，特色為省卻大量繁雜的計算系統相關的細節，以降低編程難度，例子包括 Python 或 JavaScript。

[6]　低階語言（Low level language），是指以接近機器語言所寫出的編程語言，特色為保留與電腦指令集架構相關的細節，令電腦更容易直接解讀，例如包括組合語言 （Assembly language）。

[7]　流片（Tapeout），是指試生產晶片的工序。

支。在先進晶片領域，要製造出測試用的晶片，需要先製作出光罩[8]。隨著晶片的層數及複雜程度增加，光罩的成本亦不斷攀升，可達過千萬美金的水平。如因改用其他電子設計自動化軟體而導至光罩要重新製作，甚至令晶片推出市場的時間遞延，才是真正得不償失的地方。

最後，在設備軟體方面，電腦整合製造[9]軟體及製造執行系統[10]軟體十分重要。此兩類程式的作用在於提升晶圓廠的製造效率，例如提前發現異常設備問題，或是令晶圓在設備間轉移的時間縮短，從而提升每小時的晶圓產量。此類軟體的領先企業之一是應用材料，因其靠著豐富的設備產品組合捆綁銷售其設備軟體，從而以軟體形式改善設備性能，令晶圓廠越加依賴其設備。因此，美國實際上靠軟體牢牢掌控半導體業界的命脈，只是本土製造能力有待加強。

除去美國，其他具發達半導體產業的國家和地區主要集中於西歐及東亞。先論中國，其最大的優勢在於終端產品產業（如手機、家用電器等）十分發達，令本土的晶片廠有龐大的市場可以搶占。其次，晶片設計及製造能力亦

---

[8]　光罩，是指刻有晶片線路圖案的模板，用於把電路圖案轉移至晶圓表面。

[9]　電腦整合製造（Computer Integrated Manufacturing，簡稱 CIM），是指以電腦自動化生產晶片的系統。

[10]　製造執行系統（Manufacturing Execution System，簡稱 MES），是優化晶片生產流程的系統。

相對均衡，但在設備方面較薄弱。

　　舉例而言，華為的海思半導體是優秀的無晶圓公司，產品上類似高通，在手機處理器和基頻晶片方面表現出色，亦是華為手機及基地臺業務的中流砥柱。同樣，中芯國際及華虹半導體亦分別在先進數位晶片及成熟製程特色工藝晶片有長足發展。雖然中芯國際的製造水準未至世界最先進水準（台積電及三星已能量產 3 奈米晶片，而中芯可生產 14 奈米晶片），但用作一般的消費者產品已足夠，只是先進的手機和人工智慧用晶片需要委外生產。相對而言，成熟特色工藝晶片才是中國最大的賣點。成熟製程（即 28 奈米或更早出現的製程）普遍用於汽車、工業、物聯網（Internet of Things，簡稱 IoT）等領域，恰巧中國具有龐大的車用及工業市場。華虹作為中國的成熟製程領軍企業，有大量生產不同類型的車規、工規半導體的經驗，如車用的絕緣柵雙極電晶體 [11] 或工業的單晶片 [12]。相比之下，設備就較為薄弱。目前中國的設備公司在前段部分普遍未至一流水準，但仍有一些企業做得比較出色，如中微公司（等離子刻蝕）及拓荊公司（薄膜沉積）。

　　其次，在其他東亞國家中，日本、南韓、臺灣亦有強

---

[11] 絕緣柵雙極電晶體（Insulated Gate Bipolar Transistor，簡稱 IGBT）是一種特殊的晶體管，通常應用於高電壓場景。

[12] 單晶片（Microcontroller Unit，簡稱 MCU），用以控制整個電器的晶片，通常具備小容量的內存及閃存晶片。

大的半導體實力。日本與南韓較為相似，有較多整合元件製造（Integrated Device Manufacturer，簡稱 IDM）企業，同時設備方面實力較強。南韓的三星作為超級巨頭，既有存儲器生產業務，亦有半導體代工服務，較為特殊。而海力士則是重要的內存企業，主要生產動態隨機記憶體[13]及 NAND[14] 快閃記憶體晶片，廣泛用於各類型的電子產品。日本方面，既有瑞薩（車用及工業晶片）及索尼（互補式金屬氧化物半導體[15]影像傳感器）此類整合元件製造公司，亦有設備企業如東京電子（蝕刻及表面處理設備）。臺灣則是設計與生產都十分強大，但較少設備公司。舉世聞名的台積電及聯華電子作為半導體代工業的重要企業，有世界最先進的生產技術及大量廠房，服務環球的無晶圓廠公司。在設計方面，聯發科（類似臺灣版的高通）及瑞昱（多媒體處理及網通晶片）等公司亦是世界前列的設計公司。而且，較獨特的是，在後段的生產流程，臺灣亦有強大的實力。諸如日月光及台積電等公司在晶片封裝及測試有重要的市場地位。

在現今日益重視後段工藝的情況下，先進封裝比起先進製程能以更經濟實惠的方法改善晶片性能，是全球爭相

---

[13] 動態隨機記憶體（Dynamic Random Access Memory，簡稱 DRAM），是內存晶片，為易失性晶片，為中央處理器暫存所需的指令及數據。

[14] NAND：存儲晶片，為非易失性晶片，用於長久儲存大量的數據。

[15] 互補式金屬氧化物半導體（CMOS）是圖像傳感器，通常用於手機鏡頭中的感光元件。

布局的產業。而在西歐，英國、荷蘭、德國等國家各自有重要的企業。英國的安謀（ARM）公司所開發的「ARM指令集架構[16]」是現今近乎所有手機晶片的基石，荷蘭的艾司摩爾（ASML）則是世界唯一能生產出極紫外光[17]光刻機（用於 10 奈米或更先進晶片的生產）的公司，而德國的英飛凌（Infineon）則是車用及工業的整合元件製造廠領頭羊。

未來的競爭格局

首先最明顯的現象，就是產業鏈將會在去全球化下在世界各地被重新建設。由於忌憚半導體技術的急速發展會引發國家安全風險，半導體技術授權，甚至設備及晶片出口都會變得更受規管。舉例而言，由於欠缺晶圓代工廠，美國與日本已加快在各自的領土重新建設廠房。美國的做法是雙軌並行，一方面要求台積電要將大量未來的先進產能投放於美國本土（如在亞利桑那州興建 3 奈米工廠），一方面要求碩果僅存的領先整合元件製造商英特爾開拓晶圓代工業務，並以政策優惠半逼迫公司在美國擴張生產能力。日本亦使用類似手段，要求台積電在日本設立廠房，

---

[16] ARM 指令集架構是為絕大多數移動或物聯網設備晶片所採用的架構，特色為單個指令較為簡單，一般用於低功耗場景。

[17] 極紫外光（Extreme ultraviolet radiation，簡稱 EUV）為最先進的光刻機種類，用於生產 10 奈米或更先進的晶片。

又聯同 IBM 公司設立「Rapidus」公司，務求在 2027 年前在日本興建 2 奈米的晶圓代工廠。在可見將來，本土公司或許會在國家要求下，必須優先選用本土供應商（即便成本可能比外國對手高）。

其次，半導體產業的增速亦可能會明顯放緩。大肆擴張產能的後果可能是產能利用率急跌，令生產成本大幅上升。此舉會令整合元件製造商及代工廠在投產時更趨謹慎，令整條產業鏈的增長放緩。終端產品創新能力薄弱亦是一大原因，諸如虛擬實境及擴增實境（Augmented Reality，簡稱 AR）的普及仍是遙遙無期，甚至巨頭如臉書、微軟、抖音都在縮減虛擬實境和擴增實境的經費及人手。電動車雖然會席捲全球，但由於單價遠高於智慧型手機此一 10 多年前的劃時代產品，很難如同手機一樣每年賣出逾 10 億部，以拉動半導體產業的快速發展。

雖然「OpenAI」預計人工智慧將帶來大量算力需求（衍生出「新摩爾定律」，即大型人工智慧語言模型的算力要求在 3 ～ 4 個月就會翻倍），但隨著算法慢慢穩定，大型公司就可以開發出專用的晶片以減省成本，而不需要仰賴大量圖形處理器（Graphics Processing Unit，簡稱 GPU）和現場可編程門陣列[18]作人工智慧模型的訓練和推論之用。

---

[18] 現場可編程門陣列（FPGA）為一種特殊類型的晶片，可以透過軟體編程方式模擬出不同數位晶片的功能，一般用於晶片開發的測試過程。

如此看來，或許只有在較短的時間及較有限的細分領域當中，半導體產業仍能高速增長。在其他領域，過去輕鬆取得30～40％年營收增長率的情況或許較難大規模地出現。

總括而言，國與國之間減少協作或許是新時代的主旋律，而產業整體增速或許再難如同數十年前般飛速成長。然而，在既有的市場規模下，受惠於不同的產業政策，或許有部分公司得以搶奪其他企業的份額，以致在整體市場平穩發展的情況下，自身仍能實現亮麗的業績表現。在新常態下，已不再是技術和成本稱王的時代，而是同樣要考慮錯綜複雜的國際形勢。

從 ChatGPT 看人類
如何在人工智慧時代求生

最近「ChatGPT」風靡全球，在 1 個月內已收穫 100 萬名月活用戶，更在推出僅兩個月就跨過 1 億用戶的門檻，成為史上最快達成以上成就的應用程式。其最高明之處在於以免費形式開放予所有用戶試用，令用戶得以親自體驗人工智慧在自然語言處理[19]的成果。普羅大眾在直觀地感受人工智慧與人類的差距如何急速拉近後，在社交媒體上

---

[19] 自然語言處理（Natural Language Processing，簡稱 NLP）為人工智慧產業的重要領域，研究如何令機器可以理解人類語言，例如令機器理解英語的含意。

自發為開發 ChatGPT 的公司 OpenAI 作病毒式行銷（viral marketing），令更多用戶爭相湧入嘗試，形成極高效的用戶轉化。一方面，大眾可以在日常生活中活用 ChatGPT 解決問題，減少整個社會在重複及瑣碎工作上所花的時間，確切地改善生活質素。另一方面，OpenAI 亦能低成本地大幅度改善 ChatGPT 的性能。作為一款應用了「基於人類回饋的加強學習[20]」技術的人工智慧模型，ChatGPT 實際上需要海量人類用戶與其對答，指出其答案的不足。收到回饋後，ChatGPT 才會學懂如何微調參數來改善用戶體驗。情況類似一個博學多才（ChatGPT 使用了高達 570GB 的文本數據來學習如何模仿人類說話）但不善辭令的實習生，需要同事協助其與他人溝通協作。最明顯的例子就是 ChatGPT 在數學上的表現。在剛推出的一週，ChatGPT 連簡單小學程度數學也會答錯（例如 27 是否質數），更會像小孩一樣拒絕認錯和百般抵賴，十分搞笑。

但到了此刻，這類型低級錯誤已幾近絕跡，原因正是人類不斷舉報及指正其錯誤。在算力變得更廉價，算法變得更強大，以及數據數量和質量變得更豐富的三大助力下，人工智慧已能顯而易見地取代部分人類工作。值此波譎雲

---

[20] 基於人類回饋的加強學習（Reinforcement Learning from Human Feedback，簡稱 RLHF），是一種訓練人工智慧模型學習人類溝通方式的方法，由人類評分員就人工智慧生成的不同答案評分，令人工智慧理解人類的回應要求。

詭的時代大潮流底下，我們究竟應該如何自處？在我看來，惟有透徹理解人工智慧的原理及應用，才能避免被社會快速淘汰，並在這場人機殊死相搏的險惡環境當中，謀取一線生機。

簡單回顧 ChatGPT 的前世今生

讓我們先快速回顧 ChatGPT 如何改變世界。ChatGPT 背後的公司，OpenAI，實際上是一間非常特殊的公司。在成立之初，「OpenAI Inc」是一家有著美好願景（或幻想）的公司。作為一家非牟利機構，其目標簡單直接，也就是創立通用人工智慧（Artificial General Intelligence，簡稱 AGI）模型。現今世上大部分的所謂人工智慧模型，事實上只能應用於極狹窄的領域，如下阿爾法圍棋（AlphaGO）。這類「一招走天涯」的模型縱然絕頂強大（地表最強的圍棋選手都慘被阿爾法圍棋打得服服貼貼），但其薄弱的通用性令他們對人類的威脅相當有限，充其量只是淘汰同樣一招鮮的職業選手，不至於形成大規模失業。然而，通用人工智慧的定義正是創造一個與人類相似的模型。通用人工智慧具跨領域知識，能夠完成複雜通用任務（如既會起草計畫書，又會吟詩作對搞爛哏），只差沒有如同人類一

樣的碳基生物軀幹。若通用人工智慧出現，誓對人類有極大威脅。裁員失業不在話下，更可怕是可能創造一個狂熱反人類的人工智慧，全天候專司研究如何毀滅人類。因此，回到 OpenAI Inc 的討論，其開初已非常重視倫理問題，開宗名義表示是為全人類服務，把技術代碼放上開源（open source）平臺供所有地球人參考。更承諾若發現有其他公司比 OpenAI 更接近創造出通用人工智慧，會無私分享其研究成果予領先的同行，帶領人類大踏步邁向通用人工智慧時代。

但好景不長，這種明顯損害投資人利益的公司融資十分困難。在開初幾年，OpenAI Inc 的研發開支遠低於同行（如發明阿爾法圍棋的深智（DeepMind）公司），員工搵食艱難下亦相繼變節，公司士氣低落。這時共同投資人之一山姆・奧特曼（Sam Altman）臨危受命，決定親自下場領導 OpenAI Inc，令形勢急速逆轉。奧特曼於 2019 年成立子公司「OpenAI LP」，受母公司 OpenAI Inc 控制，但在公司章程上卻被定義為可以牟利的公司，令 OpenAI 終於可以在商場上與同行短兵相接。緊接著又引入戰略投資人微軟，令「OpenAI LP」獲得軟體巨頭的 10 億美元融資，得以大展拳腳。自此之後，OpenAI 一改保守作風，在富

爸爸的銀彈支援下火力全開，大量添置雲計算資源（如圖形處理器、現場可編程門陣列）以加速改善旗下模型的性能。更重要的是，OpenAI 終於嫁接了微軟笑傲江湖的商業化基因，全速追求企業營利和股東權益。由人工智慧寫程式代碼的「Codex」、人工智慧根據用戶指示創作圖片的「DALL-E」等一系列產品一經面世，旋即引起大眾的密切關注。在產品邏輯上，這些產品都一脈相承，靠人類以自然語言（如英文）輸入要求，即可快速輸出成果（如圖像）。而 ChatGPT 作為其中一個 OpenAI 系產品，只是熱度遠超其前輩，在產品設計上並無大異。

當然，ChatGPT 的獨特之處，便是在於喚醒另一個巨人谷歌的戰鬥格。ChatGPT 中「GPT[21]」是英文「Generative Pre-trained Transformer」的縮寫，裡面的「T」實際上是谷歌工程師於 17 年首創的神經網路架構，而 OpenAI 的論文亦公開承認其「GPT」系列模型是基於谷歌技術所改良的發明。作為前沿技術的泰山北斗，谷歌的「不作惡（Don't be evil）」原則一直是整家公司的壓艙石，避免谷歌在謀利過程中鑄成大錯。故此，谷歌在人工智慧上亦一直極度謹慎，不敢武斷地將其獨步全球的技術用作商業產品。然而，ChatGPT 的橫空出世直接威脅到谷歌作為搜尋引擎霸

---

[21] GPT 是使用變換器（Transformer）架構，透過大量分析文本數據理解自然語言意思及結構的預訓練模型，可基於用戶提供的問題生成回應句子。

主的地位，逼使谷歌進入狂暴模式，火速推出競品以維護其核心廣告利益。當然，長期忽視商業化的後遺症就是商用成果欠奉。在其 2023 年 2 月初的發布會，谷歌向全球展示其 ChatGPT 對標模型「Bard」的實際性能。結果，被網民發現犯下基本事實性錯誤（錯誤引用韋布太空望遠鏡的成就），且與谷歌全家桶商品（如 Google Docs）的協同作用有限，商用表現遠遜於 ChatGPT。投資人亦爭相出逃，股價在隨後交易日一瀉千里。事實上，我反而未有對谷歌信心崩潰。先前已提到「Bard」此類基於人類回饋的加強學習模型要靠人類大量餵食數據才能進步，且谷歌面臨商業模型被推翻的危機（懶惰人類若習慣依賴 ChatGPT 提供的單一答案，將不會再用搜尋引擎自行查找資訊，一如依賴社交媒體灌食新聞而不作獨立思考），大有可能痛定思痛並展開絕地反擊，推出劃時代的新產品與 OpenAI 一決雌雄。屆時，興許投資人又會重新審視谷歌的前景，或又由一個極端走到另一個極端，變得對谷歌的未來過分樂觀。

人類又該如何自處？

行文至此，究竟有何方法在人工智慧技術井噴式發展的年代自處？我想了以下幾個方法。

首先，最為簡單直接，買入人工智慧產業類股，對沖作為人類的風險。我較為悲觀地認為生而為人，總有被人工智慧取代的一日，只是快慢有別。反過來看，亦即人工智慧在就業市場的市占率，可能會由接近 0％（目前大部分公司仍未因採用 ChatGPT 類技術而大幅裁員）提升至終局的近 100％。剛才提及這類超大型自然語言處理模型要提升準確度（以應對複雜的人類問題），一方面可以靠與人類對話，另一方面就要靠更多的參數（如人工智慧的腦元量）作更多樣化的運算。在訓練人工智慧的過程中，要透過反向傳播[22]的方法調整各個腦元的權重。簡單而言，就是要為數以千億計的腦元不斷計算矩陣算式（matrix operations）。而圖形處理器作為最具成本效益計算這類型算式的晶片，將會被大規模應用於人工智慧的數據中心。輝達和超微（AMD）作為圖形處理器市場的領頭羊，營業額將會大幅度上升。同時，台積電作為圖形處理器這類先進晶片的代工廠，亦有望獲得大量先進晶片製程的訂單。基於其在先進製程的領導地位（三星和英特爾仍需時日追上），晶片升級亦會有力提振台積電的業績。除此之外，先前花大量篇幅描述的微軟和谷歌作為人工智慧模型的巨頭，亦會在此巨大技術浪潮中受惠。短期內，或許微軟的

---

[22] 反向傳播（backpropagation）是訓練人工智慧模型的方法，透過檢視模型所生成答案及正確答案的差距，調整模型參數以提升準確度。

前景比谷歌更亮麗，因為微軟已率先廣泛應用 ChatGPT 於微軟全家桶（如「Teams」），且其對搜尋引擎廣告的依賴程度遠低於谷歌，不至於自己顛覆自己。

其次，自然是學習如何應用人工智慧於工作當中。學習如何正確指引 ChatGPT 替我們完成工作亦有其技巧，即所謂的提示工程[23]。網上有大量教程專門教授此類技巧，故在此不贅述。在本身的工作工時大幅縮減後，就應該活用時間發展副業。其中一類便是利用自身的知識見聞從事創作，如拍攝影片並上傳到串流影片平臺賺取廣告收益。有不少生成式人工智慧（Artificial Intelligence Generated Content，簡稱 AIGC）模型可以大幅度降低製作影片的門檻，如先透過 ChatGPT 梳理出影片的結構脈絡，再透過人工智慧繪圖機器人「Midjourney[24]」形成插圖，最後以「MusicLM[25]」創作出影片的配樂，輔以一定的剪輯技巧，便可快速生成影片。只要能夠分享有趣或實用的內容，就可以借助人工智慧獲取被動收入。當然，較為立竿見影的做法，仍是靠人工智慧讓本身的工作變得更高效率，副業只是錦上添花的部分。

---

[23] 提示工程（prompt engineering）是以特定的關鍵字或發問形式與人工智慧模型溝通的方法，可以改善模型生成答案的準確度。

[24] Midjourney 是一種輸入文字提示、輸出圖片的人工智慧模型。

[25] MusicLM 是一種輸入文字提示、輸出音樂的人工智慧模型。

短期內仍是機遇與風險並存

　　人工智慧在現今階段，仍是剛剛萌芽，遠未及立即取代所有人的地步。但在其成長為參天大樹的過程，實在有必要重視技術的威力，以免如同百年之前的馬車夫，對汽車嗤之以鼻，最後慘遭淘汰。我認為，我們應發揮人類在廣度上的優勢，廣泛涉獵跨學科的知識，機器的實用創意暫時仍不太強之際，運用人類自身最可貴的創意，構思及實行具前瞻性的想法，在被人工智慧窮追不捨的路上奪路狂奔，在被趕上前先走為敬，在終局來臨前積攢足夠的資源。這便是人類的自處之道。

＼ 虛擬實境／擴增實境／混合實境： ／ 新頭戴式設備的應用

　　虛擬實境這個詞語在近年來雖然不斷出現，但始終未成為大多數人生活的一部分。對於過往的型號而言，部分原因興許是價格過高，以致一般消費者缺乏嘗鮮的意欲。但對於現今的虛擬實境市場而言，平均價格已回落到十分合理的區間，而且高中低階的型號齊備，豐儉由人。如此一來，虛擬實境未能普及的最大原因，其實是用戶體驗不佳。而且，是硬體和軟體都各有致命傷，以致銷量遠低於

廠商預期。但隨著人工智慧，特別是自然語言處理的興起，或許會為這種新型智慧終端帶來前所未見的使用方式，令產品吸引力大增。本文將扼要剖析虛擬實境頭套在軟體及硬體的優劣，並猜測未來的演變趨勢及受惠的公司。

虛擬實境設備的軟體生態尚未成熟

所謂虛擬實境頭套，是指一個帶用戶進入虛構空間的設備，目標是打造極高沉浸感，令用戶彷彿置身在另一個世界。舉例而言，「Meta」公司的「Quest Pro」便是其中一個最先進的市售虛擬實境頭套。作為主要針對企業用戶的產品，Quest Pro 初面世的售價超過 1,500 美元（但現在減價幅度已達三分之一），因此受眾寥寥。相較之下，抖音集團旗下的「Pico」則推出了一系列針對大眾消費者的產品，售價只是數百美元，跟中低價智慧型手機差不多價錢。

目前，虛擬實境主要仍是用於遊戲，特別是第一人稱遊戲，如恐怖冒險類（如「生化危機」）及休閒娛樂類（如「Minecraft」）。至於其他廣受歡迎的第三人稱遊戲（如「英雄聯盟」），則普遍不太適合登陸虛擬實境平臺，原因在於虛擬實境主要用途在於打造切身的感受，但第三人稱

遊戲本來就不是以沉浸感見長。而且，在操作上，鍵盤加上滑鼠的組合遠較虛擬實境頭套加上手柄的組合方便及靈活，令這類遊戲的玩家較難轉至虛擬實境平臺遊玩。除此之外，亦有很多非遊戲的應用，其中最主要的當屬虛擬實境社交及虛擬實境辦公。虛擬實境社交通常是容許用戶自行構建不同風格的世界（如「魔法主題」），而用戶則透過虛擬人物進駐世界。然而，用戶與世界交互的形式通常極為有限，亦不夠細節及直接，令沉浸感大打折扣。舉例而言，用戶雖然可以實現簡單的功能（例如在自定義世界中放置汽車並駕駛），但不能對汽車的更細節部分進行操縱（例如把方向盤拆下來，換上其他造型的方向盤），跟現實世界極高的自由度仍有顯著的差距。此外，由於虛實移動機制的錯配（當虛擬人物移動時，現實中的玩家沒有跟著一起移動），長時間使用頭套仍會令大量用戶產生 3D 眩暈[26]，使在虛擬實境世界長久生活變得更難。而在虛擬實境辦公方面，一些主流的生產力工具（例如「Microsoft Office」系列、「Adobe」系列）仍未被有效移植至虛擬實境平臺上，令願意付錢購置設備供員工使用的企業有所卻步。簡而言之，虛擬實境的非遊戲軟體生態在今天仍不夠成熟，以致虛擬實境設備一直未能大規模普及。

---

[26] 3D 眩暈，是使用虛擬實境眼鏡時常出現的問題，指用戶在長時間進入虛擬空間後，因眼球未能準確對焦等原因，令用戶產生不適感。

虛擬實境硬體配套的優點與不足

　　然而，在硬體規格方面，這些頭套仍然未到良好水準。在電池方面的問題是最大的，因為在沒有連接外置充電線的情況下，即使是最先進的頭套，亦只有 3 至 5 小時。不需連接充電線是重中之重，皆因頭套作為移動產品，要長期連接電線即意味著用戶只能在有限範圍內移動，不能隨心所欲地探索虛擬世界，令沉浸體驗大打折扣。再者，試想像在陶醉於虛擬實境世界的過程中，忽然彈出電量不足的提示，亦會令用戶失去興致。可行的解決方法有幾個。第一是研發能量密度遠高於目前鋰電池的新型電池。由於目前頭套重量已接近 1 公斤，在長期使用下會對頭和頸造成很大負擔，因此再透過增加電池包數目以提升電池容量並不可取。透過高能量密度電池（即每公斤電池能儲存比鋰電池更多的能量），可以在減輕重量的同時提升電量。其中一個可行的商用方案是運用矽陽極電池。比起傳統用石墨陽極的電池，用矽作為陽極可以把能量密度提升 1 倍，樂觀估計可以把電池壽命延長至接近 10 小時，且已應用於少部分的無人機及衛星中。當然，矽陽極電池目前價格仍然遠超商用很久的傳統鋰電池，亦有充放電過程中陽極會受損的顯著問題，但已展現亮麗的前景。

除此之外，亦有零星的其他硬體問題。在畫質方面，部分先進的頭套已可達 30 角分辨率[27]，但要做到人眼不能區分虛實的水準，需要達到 60 角分辨率。透過使用下一代顯示技術，如微發光二極體[28]（因其像素間距比一般液晶顯示器[29]螢幕更低）螢幕，就可以有效提升像素密度（pixel per inch，簡稱 PPI），從而大幅提升畫質。畫質對虛擬實境社交功能至關重要，因為人類社交依賴大量言語以外的元素，例如細微的面部表情及肢體語言，做到日語中的「讀空氣」。要讓用戶真正在虛擬實境空間中緊密互動，就要準確刻劃不同人的動作，而非像目前般使用簡陋的虛擬化身（avatar）交流。五感在虛擬空間的複製也攸關重要。很多時候在體驗不同事件，或是理解他人意思的時候，我們的大腦會同步記錄五類感官的感受（譬如在和朋友聊天時，邊聽聲音，邊嗅到陣陣花香）。在建構視覺及聽覺感受方面，電子設備已做得非常好。然而，在模擬嗅覺、味覺、觸覺方面，則進度十分落後。社交是虛擬實境能否成功推廣的關鍵，原因在於在網路效應下，透過既有用戶有口皆碑傳播虛擬實境的優點時，新用戶為體驗虛擬實境的產品

---

[27] 角分辨率（Pixel per degree，簡稱 PPD），是描述螢幕分辨率的指標，指視野中平均每 1 度夾角所包含的像素點數目。

[28] 微發光二極體（Micro Light Emitting Diode，簡稱 Micro LED）為新型顯示技術，可實現遠高於傳統 LCD 螢幕的分辨率及反應速度。

[29] 液晶顯示器（Liquid Crystal Display，簡稱 LCD）是目前最主流的顯示技術，廣泛應用於不同類型的電子產品，如手機、電腦等。

特色，很自然地就會跟風購買虛擬實境設備，令使用虛擬實境的好處在新用戶加入後變得更高，從而形成用戶高速增長的閉環。當能夠精準復刻這三種感受時，便可以令虛擬實境比電腦及手機等舊一代智慧終端形成重大差異化，使用戶在嘗鮮的動力下快速進駐。在味覺方面，已有不少醫療團隊開發出放置於舌上的輕薄電極，能夠以微弱電流刺激味蕾，從而產生部分味覺（例如為腎功能失調病人而設的鹹味模擬電極），未來可能與虛擬實境頭套捆綁出售。在觸覺方面，情況則複雜得多。究竟是採用較激進的方案（例如在全身各處都布滿能提供觸覺反饋的傳感器及微型驅動馬達），還是採用較溫和的方案（例如只在手指、掌心等經常與外物互動的部分放置傳感器及馬達），仍是未有共識的問題。至於供電及充電問題，也依然需要更多考慮。而在嗅覺方面，則可能是最具挑戰性的部分。有別於味覺或觸覺有商用的方案可以以不用消耗品的形式（即以電驅動的形式）重構感覺，主流的嗅覺模擬器仍依賴化學驅動的形式實現功能。此外，嗅覺遠比味覺及觸覺複雜，因為人體能夠辨別出成千上萬種不同氣味的微細分別。如要製作一個透過精密混合不同化學物質，並以霧化器把混合物噴出的嗅覺模擬器，不但要設計化學物質的補給機制（例如有專用的店家供用戶重複購置化學物膠囊），亦要考慮哪些化學物較為通用，從而可以放在虛擬實境頭套狹窄的

空間之中。說到底，便是要靠虛擬實境實現遠優於目前手機或是面對面交流的社交功能，才能吸引用戶轉移至新一代的終端。

虛擬實境＋人工智慧或許會爆發出新機遇

在 OpenAI 推出 ChatGPT 後，這股洶湧而至的自然語言處理大浪潮或許會為虛擬實境注入全新的動力。舉例而言，在虛擬實境最擅長的第一人稱遊戲領域，如大型多人線上角色扮演遊戲（Massively Multiplayer Online Role-playing Games，簡稱 MMORPG），這類遊戲或許會變得更吸引人。大型多人線上角色扮演遊戲是一種遊戲類型，指玩家進入一個龐大的遊戲世界中，並可以與大量其他玩家及非玩家角色（Non-Player Character，簡稱 NPC）互動。透過把大型多人線上角色扮演遊戲的劇本以微調 [30] 的形式餵給已預訓練好的大型語言模型 [31]（例如 GPT-3.5，即 ChatGPT 所使用的大型語言模型），令非玩家角色的對答更自然。在目前，玩家與非玩家角色只能以固定的形式作交流（例如玩家只能問非玩家角色幾道有限的問題，

---

[30] 微調（fine tuning）：把數據提供給預先訓練模型作訓練，從而實現不同人工智慧功能的方法，特色為只需要較少數據及算力。

[31] 大型語言模型（Large Language Model，簡稱 LLM），是指透過無監督學習形式分析大量文本數據，從而可以理解自然語言意思及結構的人工智慧模型，特色為需要海量數據及算力。

而不能自由地向非玩家角色發問）。但在微調後，就像ChatGPT 可以像人類一樣與用戶交流，非玩家角色也會顯得更有靈性，能夠在人工智慧的加持下基於非玩家角色本身的人物特性，與玩家流利地自由對答。如此一來，大型多人線上角色扮演遊戲會變得更逼真，突顯出虛擬實境本身打造沉浸體驗的特色。除此之外，透過語音轉文字的應用程式介面（Application Programming Interface，簡稱API），如 OpenAI 最近推出的「Whisper API」，用戶可以用口述的形式描述希望在虛擬實境世界進行的操作，而應用程式介面則會把人類的語音指令轉成文字，供人工智慧語言模型解讀。在解讀過後，人工智慧模型依照語音指令進行操作，就可以省卻許多在虛擬實境世界中操作的繁瑣細節，令使用虛擬實境變得更簡單有趣。當然，虛擬實境在電腦或手機上實現的功能亦可以同步移植到虛擬實境上（例如在 ChatGPT 加持下的「Word」，可以令用戶只輸入文章的標題，ChatGPT 就自動生成整篇文章的內容），使虛擬實境的功能變得更豐富。

總結

　　總括而言，儘管虛擬實境的軟硬體生態及配套已變得日益完善，但在價格已變得合理的前提下，仍不足以吸引大量用戶使用。而隨著人工智慧技術的高速發展，或許會

令虛擬實境煥發全新的活力。在虛擬實境已發展多年的今天，虛擬實境已有相當大可能會急速冒起，只是時間點尚是未知之數。

第三及第四代半導體：碳化硅／氮化鎵／氧化鎵／鑽石在車用和工業市場的前景

近年隨著電動車快速普及，不少車型的設計變得像孿生兄弟般一式一樣，無非就是比傳統燃油車更智慧化及有新的傳動系統，對消費者而言的新鮮度已大不如前。車廠眼見銷量增速明顯放慢，自然要「扭盡六壬」做廣告推銷，防止股價崩盤。其中，碳化矽（作為其中一款「第三代半導體」）器件便作為豪華車型的賣點之一，被廠商打造成重塑用車體驗的劃時代發明。基於其優越的物理特性，碳化矽器件往往被用於高電壓快充系統的一員，旨在令充電的時間變得如加油一樣快，消除第一次購置電動車車主的「里程焦慮症」。

另一方面，在手機市場，由於市場已明顯飽和，品牌也面臨提振銷量的龐大壓力。在其他重大硬體升級（如摺疊螢幕）未能有效促使消費者換手機的情況下，不少廠商

開始作其他新嘗試，從手機配件切入，推出以氮化鎵（另一款第三代半導體）製作的新型快速充電器。同樣透過拉高電壓及功率，快充被視為淘汰充電寶的大殺器，使攜帶更方便。只是相較於車主普遍存在的里程焦慮症，對沒太多時間經常滑手機的一般上班族而言，手機電量不足的問題明顯沒那麼嚴重。加上氮化鎵充電器往往是被提供作為可選配產品（而碳化矽器件是與整車一起被捆綁銷售），消費者是否會多花幾百元額外購買一個充電器亦令人存疑。因此，在討論第三代半導體的美好前景時，大家通常是討論碳化矽，因其自身（碳化矽相比矽基絕緣柵雙極電晶體的市占率仍然不高）及終端應用產品（電動車仍在高速滲透進汽車市場）仍在快速成長，而手機市場的黃金歲月在幾年前已過去了。

為什麼要用第三代半導體？

先談談碳化矽的部分。就像選不同水果都有幾個通用的指標要比較（如甜度、多汁程度等），不同化合物都有一系列常用指標作比較，如電子或空洞遷移率[32]。電子或

---

[32] 電子或空洞遷移率（electron/hole mobility），是指電子或空洞在電場作用下的移動速度。

空洞[33] 是所有半導體用以導電的載流子（carrier），通常是用以傳遞能量或訊號。舉例而言，一個半導體裡的非門[34]，就可以傳遞邏輯訊號來控制其他電路。由於碳化矽的電子遷移率優於矽，在電場（Electric field）的作用下，碳化矽的電訊號能更快到達其他部件，變相令導通電阻[35] 減低，令電子部件中的能量消耗下降。由於碳化矽開關以脈衝寬度調變[36] 的方式控制電動車的馬達，為了令司機感受到對車子的高掌控度（即踏下或鬆開油門時，電機的轉速及扭力會快速調整），開關要以極高頻率開合。在此類高頻應用下，導通電阻減低就可以大幅節省電力消耗，令電動車更環保（也令電動車公司更符合股票市場的 ESG 原則，提升股票吸引力）。此外，在電池價格居高不下的情況，也可以減低電池容量，從而令整車生產成本下降，一舉兩得。其次，由於碳化矽的能隙[37] 是矽的數倍之多，碳化矽部件需要更高的電壓才能導通。雖然直觀感覺上這項特性是一個

---

[33] 空洞，是指在晶體結構中缺少電子的位置。

[34] 非門（NOT gate），是指令輸入訊號產生相反結果的邏輯門，例如輸入「0」的電訊號到非門內，非門便會輸出「1」的電訊號。

[35] 導通電阻（On resistance），是指當晶體管被施加足夠高的電壓而可以導電時，於導電通道的電阻值。

[36] 脈衝寬度調變（Pulse Width Modulation，簡稱 PWM），是把模擬訊號轉化成脈衝形式的數位訊號的方法。

[37] 能隙（bandgap），是指半導體材料的價帶及導帶之間的能量差距。

缺點，但其實能隙過低會導致部件容易在高壓下崩潰[38]，令部件失去作用。因為改善里程焦慮的方法之一就是以大電壓為電動車快速充電，碳化矽做的金屬氧化物半導體場效電晶體（Metal Oxide Silicon Field Effect Transistor，簡稱MOSFET）比矽做的絕緣柵雙極電晶體更勝任高壓快充，亦是其主要優勢。最後，碳化矽的導熱性能亦遠勝矽。因此，碳化矽部件的散熱模組可以做得更小巧，減省車輛重量，從而改善電動車的加速性能。

在氮化鎵的部分，也跟上述的分析類似。由於在較低電壓（如低於 1000 伏特）的電路開合損耗[39]較低，提升手機快充器的能量轉換效率。此外，導熱性能好也使充電器不易過熱，令消費者使用時更安心。當然，最大的好處是成本。一般的矽器件都是在矽晶圓上生產，而矽晶圓則是由電子級高純度矽[40]作原料，以柴氏長晶法[41]（以下簡稱柴氏法）生成。由於柴氏法已十分成熟，因此矽晶圓的生產成本很低，令矽器件得以應用於廣泛用途。然而，因為

---

[38] 崩潰（breakdown），是指在高電壓下，令絕緣體變得導電的現象。

[39] 開合損耗（switching loss），是指當電路在切換開關狀態時所產生的電力損耗。

[40] 電子級高純度矽（electronic grade silicon，簡稱 EGS），是指有極高純度的矽，用於生產半導體元器。

[41] 柴氏長晶法（Czochralski Method），是最常見的量產晶圓的方法，透過把小型矽結晶從液態矽中拉出，從而生產矽晶柱以製作晶圓。

碳化矽熔點遠高於矽，碳化矽不能用柴氏法直接生產，而是要用物理氣相沉積[42]的方法生產，良率低而需時極長，令碳化矽晶圓價格十分昂貴。相反地，氮化鎵器件普遍是採用矽基氮化鎵（Gallium Nitride on Silicon，簡稱 GaN-on-Si）的結構製造，令氮化鎵可以用便宜的矽晶圓作基底（substrate），只需要把一層薄薄的氮化鎵磊晶[43]生長在矽基底上。目前已有公司推出商用的氮化鎵晶體管，單晶片的成本甚至低於矽（因其尺寸較小，占用較少晶圓空間生產），進一步加快氮化鎵的普及速度。

普遍的誤解及潛在的挑戰

　　事實上，第三代半導體此一名稱極具誤導性，因其容易令人聯想至第一或第二代半導體完全被取代的場面。所謂的第三代半導體以「第三類半導體」命名會更加合適。第一代（類）半導體是矽，即地球上最主流的半導體材料，用途廣泛，由類比至數位晶片都多半是由矽製成，特色在於物美價廉。第二類則以砷化鎵（gallium arsenide）及磷化銦（indium phosphide）為代表，用途較窄，主要是用

---

[42] 物理氣相沉積（physical vapor transport，簡稱 PVT），是用於生產碳化矽晶圓的方法，利用高溫令碳化矽氣化，並在基底上凝結以生產晶柱及晶圓。

[43] 磊晶（epitaxial layer），是在晶圓表面上形成的薄層材料。

作射頻通信 [44] 及發光二極體（light emitting diode，簡稱LED）。第三類則主要作高溫高壓用途，亦有部分是應用於射頻通信（如碳化矽基氮化鎵（GaN-on-SiC），即在碳化矽基底加上氮化鎵磊晶）。如此看來，第三與第二類有部分重疊之處，較易形成互相取締的關係。相反地，由於物聯網或其他低功耗場景普遍對設備性能要求不高，更需要經濟實惠的半導體器件（例如用廉價的單晶片控制咖啡機），不太可能亦不太需要在短期內升級成第三類半導體器件。

除了名字帶來的誤解以外，亦可順帶一提其他類型的誤解。最近量子電路（quantum integrated circuits）屢屢傳出技術突破的消息，令有些人認為這些新型電路會取代目前的矽基電路。然而，新技術未能普及的主要原因通常都是成本太貴，或用途太窄。以量子電路為例，目前各大巨頭製造量子位 [45] 的技術路線仍有顯著差異，不利大規模生產。以 IBM 及谷歌為首的巨頭主推以超導體 [46] 製造量子電腦，但由於需要以極低溫保存量子位，成本非常昂貴，但勝在處理資訊的速度較快。而 IonQ 及 Honeywell 等其他

---

[44] 射頻通信（radio frequency），是指透過高能量電磁波作通信用途。

[45] 量子位（qubit），是在量子電路中，儲存量子資訊的最小單位。

[46] 超導體（superconductor）：在特定溫度下，電阻值可達 0 的特殊材料。

公司則採用離子阱[47]技術，好處在於量子位在室溫下可以工作，也不需要花大量精力作糾錯（error correction），節省成本。此外，量子電腦目前的用途亦相對有限，如用於破解銀行間通信常用的「RSA 加密演算法[48]」，但因種種限制而未能製成日常生活常見的電路（如手機中的處理器或內存晶片），短期內很難取代矽基電路。

對第三類半導體而言，或許第四類半導體才是真正的對手。第四類半導體是指氧化鎵（gallium oxide）及鑽石（diamond）。以氧化鎵為例，其能隙比第三類的對手更寬，意味著可耐受更高電壓，或可用於汽車、工業用途中的高壓電路。同時，由於可以運用浮區[49]方法製作，成本可能可以降至極低水平（早期的矽亦是用浮區方法製作，後期才轉向柴氏法）。同時，其電子遷移率在某些溫度下亦高於氮化鎵，有望被用作製成高電子遷移率電晶體（High Electron Mobility Transistor，簡稱 HEMT）器件並用於射頻產業。然而，由於熱傳導效率較低，高溫的情況下或許會引致器件失靈，減低其用於外太空對地衛星的機會。而

---

[47] 離子阱（trapped ion），是利用電場或磁場，把離子限定於一定空間中的技術，為量子電腦的其中一個技術路線。

[48] RSA 加密演算法，是其中一種主流的資訊加密方法，運用大數字質因數分解的原理，令傳統電腦需要極長時間破解密碼。

[49] 浮區（Floating Zone，簡稱 FZ），是早期生產矽晶圓的主流方法，後因成本及良率等原因被柴氏法所取代。

就鑽石而言，作為莫氏硬度[50]高達 10 的超硬物質（比碳化矽的 9.5 硬度更硬），精密加工的難度極大。舉例而言，目前把矽晶棒切成矽晶圓的過程中，便會用到鑽石製成的刀片。矽的硬度顯著低於鑽石，因此用常規的光刻、顯影、蝕刻、薄膜沉積工具，便可輕鬆加工成精密的晶片。相反地，精密加工鑽石或需用到高能量激光，令設備成本急增（碳化矽的成本高昂，部分原因正是設備成本較貴）。除此之外，美國更明令對第四類半導體展開出口管制，防止相關的生產技術流至被禁制的國家或地區。由於半導體產業需要全球緊密協作，第四類半導體的商業化或需較長時間。

　　總括而言，第三類半導體基於其優秀的物理特性及已大幅下降的成本，即將會大規模應用於高壓及高溫的領域，如電動車或手機的快充。然而，傳統的矽基半導體絕難在短期內被第三類半導體取代，反而會形成相互配合的局面（例如電動車的車載娛樂系統處理器繼續用矽基半導體製造，只是傳動系統的部件改用碳化矽製作）。同時，氧化鎵或鑽石等更新穎的材料或許會在技術突破下橫空出世，一舉取代現存的第三類半導體的市場。而除卻錯綜複雜的科技細節，人的因素（如產業政策）或許才是更難預見的部分，畢竟再好的器件，也需要財力豐厚的供應商提供，

---

[50]　莫氏硬度，是利用礦物相對刻劃硬度所區分的硬度標準。

以及同樣豪爽的客戶付款，才能形成全新的產業鏈。

＼ 下一代顯示技術：微發光二極體 ／

在五感當中，視覺是其中一個最主要獲取外界訊息的感官。正因如此，電子產品一直著重於改善眼睛的體驗。以智慧型手機為例，以往的改善主要集中於光學升級，如透過不同的鏡頭組合（例如長焦鏡頭、廣角鏡頭等），實現更先進的功能，改善光影表現。同時，亦會透過螢幕升級，如由液晶顯示器升級至有機發光二極體（Organic Light Emitting Diode，簡稱 OLED）螢幕，以配合鏡頭呈現更強大的畫面效果。然而，在既有主流的螢幕選擇中，每個方案都有各自明顯的缺點，以致在其他硬體繼續高速改善的同時，螢幕的改善空間卻極有限。但在微發光二極體此一技術的橫空出世下，以上局面或許會被逆轉。究竟微發光二極體作為下一代顯示技術的標竿，能夠帶來哪些獨特的優點，以及又有哪些相應的技術問題？更重要的是，在其與虛擬實境、擴增實境、混合實境（MR）等下一代計算終端產品結合後，能否互補長短，令這兩款前緣技術在結合後加速普及，形成智慧型手機浪潮後的新興智慧產品？

液晶顯示器及有機發光二極體方案的好處與壞處

　　要了解微發光二極體的優劣，首先必須理解目前主流顯示方案的情況。先從最常被討論的液晶顯示器開始說起。事實上，液晶顯示器中的液晶本身並非一個發光元件，不能直接呈現出畫面。液晶顯示器是由不同的部分所組成，而最底層的發光部分亦是發光二極體。換言之，本質上所有的顯示器都是由發光二極體組成，只是按構造可大致分成自發光顯示器（self-emissive）及穿透式顯示器（transmissive）。而液晶顯示器正是在接收到發光二極體的光源（通常為白光），以偏光片（polarizer）的形式令只有特定方向傳輸的光線得以穿過偏光片。接著，透過在透明玻璃基板（glass substrate）上的薄膜電晶體（thin film transistor，簡稱 TFT），控制液晶的方位（orientation），從而控制光度，配合偏光片控制發光部分的明暗程度（例如液晶完全阻擋光線通過，則會令螢幕的某處呈現黑色）。最後，當白光穿過三原色（Red Green Blue，簡稱 RGB）的濾光片（colour filter）後，便會呈現出三原色的組合。透過精密控制三種顏色光線的強度，就可以把原來背光模組的白光變成彩色的像素。而只要像素密度足夠高，就可以令人的肉眼看不到界限分明的三個像素，而是只看到三

個色點形成了單一彩色像素。而不同的彩色像素，則進一步形成我們看到的畫面。

　　雖然液晶顯示器結構較複雜，但由於液晶顯示器產業鏈已經過多年發展，生產技術相當成熟，故液晶顯示器螢幕的最大優點就在於成本低廉。大至近 100 寸的掛牆電視，小至 6 寸的智慧型手機，均廣泛應用液晶顯示器螢幕作為顯示器，可見液晶顯示器的影像質素相當高。然而，液晶顯示器的缺點亦相當明顯。舉例而言，由於涉及大量部件，液晶顯示器的厚度不能做到極為輕薄。在智慧型手機追求更輕盈的機身的潮流下，液晶顯示器因此逐漸被高端手機所淘汰。同時，液晶顯示器的色彩表現在消費者越發挑剔的情況下，亦被其他方案比下去。在色彩對比度方面，由於是透過偏光片加上液晶的組合阻撓光線通過，從而呈現黑色的像素，因此，會有漏光的問題，令黑色的深度不足，使光影體驗大打折扣（例如在超高畫質電影中，光暗是呈現藝術元素的關鍵，故黑色不夠黑是重要問題）。而以濾光片形成的色彩的飽和度亦不夠好，進一步打擊視覺效果。

　　有鑑於此，有機發光二極體方案應運而生，成為高端手機的主流方案。有機發光二極體螢幕作為自發光螢幕，不需要以白光加濾光片的形式混合出不同色彩，而是透過

調整電壓強度，令每個像素獨立發出三原色的顏色，使色彩更鮮艷。同時，亦不需要以偏光片加液晶的形式呈現黑色，只需要直接關上像素的電壓供應，便可以直接呈現黑色，提升螢幕對比度，並令顯示器更輕薄，迎合智慧型手機的趨勢。然而，有機發光二極體的最大問題在於使用壽命短（顯著短於液晶顯示器）。由於有機發光二極體本質上仍是透過三原色的像素分別發光，再形成不同顏色的光線，缺少單一種三原色的像素就會令螢幕失靈。當中，由於藍光的波長短於紅光及綠光，因此藍光光子的能量大於其他兩種顏色（基於普朗克公式，即 $E = hv$），令藍光材料的衰變速度更快，從而令螢幕上出現不同的壞像素（dead pixel）。只要極少數的像素失靈，消費者就很容易察覺到螢幕壞死，因為螢幕上只有幾處區域未能正確呈現顏色的話，會與鄰近像素形成重大差異。因此，有機發光二極體仍有許多未盡完美之處，但已是現階段最好的螢幕選擇。

微發光二極體的優劣亦十分明顯

由於現存選擇有諸多不同缺憾，微發光二極體被廣泛視為解決方案。首先，作為無機材料，微發光二極體在原理上已規避了有機發光二極體因使用有機材料而面臨的壞

像素問題。事實上，微發光二極體的使用壽命超過 10 萬小時，是有機發光二極體的 10 倍有餘。同時，在畫質上，微發光二極體亦同樣大幅度優於有機發光二極體。在對比度上，微發光二極體可達近 100 萬比 1 的誇張水準，足足為有機發光二極體的 100 倍。同時，由於像素尺寸極小（亦是其被稱為微發光二極體的主要原因），微發光二極體的像素密度可達超過 10000 的極限，亦是有機發光二極體的 10 倍以上。如此高的密度足以實現在超短距離中，達到肉眼難以分辨虛實的超高畫質，令其在虛擬實境設備中的潛力備受期待。微發光二極體的反應速度（即像素切換狀態的速度）亦冠絕群雄。儘管有機發光二極體的反應速度已可達微秒級別（千分之一秒），但微發光二極體可以做到奈秒級別（十億分之一），絕對是遠快於人腦的響應時延。最後，微發光二極體的亮度可達 10 萬尼特（nit），接近有機發光二極體的 50 倍，使其在戶外強光的表現十分優異。當人們在使用智慧電話時，或許會注意到在強光底下，會很難看到螢幕的內容。

雖然可以轉移至較暗的地方，或以手暫時蓋住強光直射螢幕，但仍會令使用體驗十分不如意。而微發光二極體正可以根治此問題，原因在於把螢幕快速拉高下，便可以

抵消強光環境的干擾效果，對常常應用於戶外環境的設備，例如智慧手錶（在運動時用，常受陽光影響）以及未來的擴增實境眼鏡（同樣受陽光影響），便是極為重要的物理特性。因此，在各項主要螢幕指標上（價格除外，畢竟液晶顯示器及有機發光二極體商業化已久，而微發光二極體才剛剛開始商用化），看來微發光二極體都完勝其對手。

事實上，在除了外量子效率（External Quantum Efficiency，簡稱 EQE）此一指標外，微發光二極體的確是相當理想的技術。所謂外量子效率，是指顯示器把電子功率輸入轉化成光子輸出的效率。換言之，高外量子效率（即理想的顯示器）應該只需要很低的驅動電壓及電流，就可以令發光元件有效地發出所需的亮度。外量子效率對於攜帶方便式設備至關重要，因為這類設備的電池壽命十分有限，而在設備的運算能力越來越高的情況下，大量電力儲備會被分配至核心晶片組（例如處理器、內存等），從而令顯示器獲分配的電力更少。在傳統的方案中，外量子效率不是主要問題，因為不論是液晶顯示器或有機發光二極體，其單個發光二極體晶片的尺寸普遍都在 50 微米（micron）以上，而外量子效率在大尺寸晶片的水平可達 80％左右，仍是可接受的範圍。

然而，微發光二極體的尺寸普遍少於 50 微米。而隨著長寬縮短，外量子效率便會急速滑落至 20％或更低，令顯示器的耗電量大增。因此，這亦是為何微發光二極體未大規模用於攜帶方便設備的原因之一。相反地，電視由於直接連接牆身的總電源，較少功耗上的考慮，亦因此已有零星商用的微發光二極體電視在販賣。除此之外，巨量轉移（mass transfer）亦是另一大難題。當微發光二極體的晶片在晶圓上製造完成後，需要轉移至含有驅動電路的基板上，令電路得以驅動晶片並令不同像素得以發光。在傳統方案中，此一轉移沒有任何問題，原因在於傳統的晶片尺寸很大，要轉移的晶片量很少，以致用機械抓取（pick and place）的形式轉移就可以完成生產。同時，由於晶片尺寸大，用普通的檢測器（probe）便可以提前偵測哪些晶片是有問題的晶片，以在轉移前先拿走失靈的晶片，使轉移至驅動電路上的晶片基本上接近百分百都是良好的晶片。

然而，微發光二極體的晶片尺寸太小，用傳統的檢測器檢測會破壞晶片，以致不能知道哪些是良好晶片。同時，在製造微發光二極體晶片的過程，又會有不同的製造缺憾浮現（例如離子刻蝕工序會破壞晶片的牆壁，形成側壁缺憾，即「sidewall defects」），降低良好晶片的產量。最後，

由於晶片尺寸小，有遠超傳統方案的小晶片要轉移至電路上，因而需要巨量轉移的技術。目前而言，業界仍未在平衡巨量轉移及外量子效率此兩大最主要問題上取得共識，因為不同技術通常只能有效解決其中一個問題。在缺乏統一技術路線下，便很難形成規模生產的供應鏈，使所需的材料及設備不能被大量生產，進一步推高生產成本，不利於微發光二極體的大規模商用。

因此，簡而言之，雖然微發光二極體比起既有的顯示方案有諸多優點，但巨量轉移及外量子效率這兩個重要問題仍未有統一的低成本方案解決，阻礙微發光二極體的發展。在虛擬實境、擴增實境等新興產品變得大受歡迎後，作為這些新產品的重要基石技術，微發光二極體或許會得到更多業者的重視，從而令這種下一代顯示技術真正變得普及。

疫情提升消費者健康意識，智慧手錶再成市場焦點

自 2007 年第一代 iPhone 面世後，不同形式的智慧型產品陸續面世，當中智慧手錶一度被市場寄予厚望，認為是繼智慧型手機後，能夠帶領人們進入全新物聯網時代的

代表。

雖然初代「Apple Watch」在 2015 年發布後市場市占率快速擴大，並迅速成為智慧手錶市場的引領者，可惜的是，往後過兩、三年的銷情都未見突出，究其主因，是智慧手錶重複了智慧型手機已有功能，未能讓消費者買單。但新冠疫情出現，大眾的健康意識急速提升，智慧手錶亦逐步找到自己的定位並作出強化，成功絕處逢生，重新成為市場焦點。

研究機構「策略分析（Strategy Analytics）」最新報告指出，2021 年第二季全球智慧手錶出貨量達到 1,800 萬支，按年增長 47%，是 2018 年以來的最快增速，增長已經回到疫情前水準，當中 Apple Watch 更以 52% 的市占率位列第一，出貨量年增達 46%。

「健康＋運動」定位持續強化

史上第一款智慧手錶並非 Apple Watch，但對整個產業影響力最大卻非它莫屬。初代 Apple Watch 於 2015 年 4 月 24 日面世，只要和 iPhone 連結，Apple Watch 就可撥打和接聽電話、傳送和閱讀「iMessage」和「SMS」簡訊、執行應用程式、付款、追蹤健康及運動狀況，以及導航與方

向指引等功能。

明顯看到，以上大部分功能都跟智慧型手機頗為重複，但有一點卻是無法比擬，就是智慧手錶的設計是安置在我們的手腕上，也是目前少數能長時間依附於人體上的智慧型裝置。透過手腕上覆蓋的血管及神經訊號，手錶上的各類感測器就可輕鬆獲得精準、豐富的數據，追蹤、記錄和分析我們的身體狀況。

只是當時「健康＋運動」的定位未見突出，加上需要攜帶 iPhone 才可應用部分功能，結果初代 Apple Watch 只有早期受到市場熱捧，令其人氣虎頭蛇尾。國際數據資訊（IDC）公司調查顯示，2016 第二季 Apple Watch 出貨量為 160 萬支，較 2015 年同期的 360 萬支下跌了 200 萬支，跌幅高達 55％。

隨後兩年推出的第二代及第三代 Apple Watch 進行重大革新，分別在初代基礎上添加全球定位系統和氣壓計功能，強化運動使用體驗，以及首次支持「嵌入式 SIM 卡（eSIM）」和蜂巢式網路，與 iPhone 終端實現共享，並可連接「AirPods」，毋需攜帶手機即可實現雙向通話和收發訊息，大大提升獨立性，智慧手錶由此擺脫「手機配件」的配角定位，成為獨立自主的產品。

2018 年發布的「Apple Watch Series 4」更支援藍牙 5.0，增加跌倒偵測、心房顫動檢測和心電圖繪製等功能，且獲得美國食品藥物管理局（FDA）認證，進一步強化健康領域的布局。策略分析機構的數據顯示，2019 年 Apple Watch 在全球的出貨量為 3,070 萬支，銷量已超過瑞士手錶銷量總和。

2020 年底，蘋果公司的健康增值服務「蘋果健身（Apple Fitness）＋計畫」上線，讓用戶在家就能夠獲得專業的健身課程（例如自行車、跑步機、划船、高強度間歇訓練、肌力、瑜伽和舞蹈等），以及心率、卡路里等量化數據分析，進一步將收集回來的健康數據結合起來，方便用戶制定自己的鍛鍊計畫。另外，智慧手錶的運動紀錄可投射到 iPhone、iPad、Apple TV 等大螢幕，讓用戶可專注跟隨螢幕的運動教程，毋需經常抬起手看心率、時間等資訊。

根據市場調研公司「對位研究（Counterpoint Research）」發布 2021 年第二季全球智慧手錶的出貨報告，Apple Watch 穩居第一，占比達 28％，大幅領先第二名、占比 9.3％的華為。該報告提到，Apple Watch 藉由生態系極高的黏著度，使其活躍用戶人數已超過 1 億。

血氧功能成新冠檢測標準

隨著硬體和大數據的應用不斷完善，人類的健康數據在未來將獲更廣泛用途，現今的智慧手錶內置多種傳感器，能有效採集智慧型手機無法獲取的生命徵象指標，例如心率、血氧、血壓等，並在相關應用程式支援下感知、記錄、分析管理健康數據及疾病預防，健康監控功能已成為智慧手錶的獨有賣點。速途研究院調查顯示，超過70％的潛在用戶在選購智慧手錶時會考慮產品健康監測功能的完善程度，在所有功能中受關注度排名第一，反映這是用戶對智慧手錶最關注的功能。

2021年上半年，智慧手錶行業的相關專利數激增。根據旭日大數據統計，2019年全球智慧手錶專利數量為907項，在2020年增長為1,274項，但在今年上半年已經產生1,033項，估計全年將會大幅超過去年。這意味著各大廠商在智慧手錶市場正擴大投入心力在技術上。再加上血氧、血糖、心率和呼吸等健康監測的功能更趨完善，相應專利數量將愈來愈多。

摩根士丹利報告指出，蘋果公司正在醫療保健市場引領新一輪的數位化革命，打造一個圍繞健康服務的生態圈，就像當年「iTunes」改變音樂行業，「App Store」重塑行

動應用商店一樣。預料到 2027 年，這個行業有望為蘋果公司帶來 150 億至 3,130 億美元不等的年收入。

最近四年，繼蘋果、三星和華為後，小米、「OPPO」和「vivo」都紛紛入局，目前全球前六大手機廠商，已完成對智慧手錶產品線的布局，且增添在健康領域的功能愈來愈多，包括心電圖、跌倒監測、心率監測、呼吸訓練、噪音監測、生理週期等。尤其受新冠疫情影響，血氧功能成為 2020 年各大廠商新發布產品的亮點，包括「Apple watch 6」、「華為 GT 2」、「Fitbit Sense」、「華米 GTR 2」和「GTS 2」等。

血氧功能是指對人體「血氧飽和度（SaO2）」進行檢測，是呼吸循環的重要監控參數。一般認為血氧飽和度正常值不應低於 94％，低於 94％則為供氧不足，若在 90％以下就是嚴重缺氧。世界衛生組職（WHO）發布的《新型冠狀病毒診療方案》將血氧狀況定為重症新冠肺炎重要檢測標準之一，由於血氧濃度下降是典型症狀，所以對血氧飽和度進行持續監測，萬一被感染都能提前發現，並及早在病症惡化前進行治療，這間接造就智慧手錶成為疫情下的殷切需求。

老人和兒童市場不容忽視

不少老年人都容易患有心腦血管疾病，智慧手錶則能夠讓他們更即時了解到自己的身體狀況，所以智慧手錶已不限於注重健康、喜愛運動的年青人，對老年人更是貼身需要，尤其全球各國都面對高齡化問題，老人市場更是商機處處。

一直以來，由於智慧型產品的功能太多元化，操作相對複雜，往往不容易受老人市場青睞，但智慧手錶的情況卻有點不同。定位側重於健康管理的智慧手錶，擁有心率監測、緊急呼救、跌倒偵測和吃藥提醒等功能，大部分都是專為老人量身打造的功能，而且操作方便，只需如一般手錶配戴在手上，就能夠自動化運行各種監測；再加上精準的全球定位系統定位，更可隨時掌握老人行蹤，減低出外走失或迷路的風險。

例如，華為 WATCH GT 2 Pro 和 Apple Watch Series 6 都有支持即時心率監測、睡眠品質和大數據分析；360 的「健康手錶 PRO」亦有碰撞及跌倒檢測與求助、血壓趨勢觀測、心率異常提醒等功能；「OPPO Watch Free」在用戶入睡時，不僅可以監測深淺睡結構、快速眼動，還能結合每秒即時血氧監測數據、心率變異性和手機收錄的鼾聲，

綜合評估用戶的鼾症風險等級，作出鼾症風險評估，幫助發現潛在的睡眠呼吸問題。

對於兒童來說，智慧手錶足以滿足時間顯示和基本通訊功能，方便家長與孩子隨時取得聯繫；其精準全球定位系統定位、一鍵呼救等功能更能幫助家長掌握孩子行蹤，保障孩子安全。在中國，兒童智慧手錶的需求尤其巨大，參考 2020 年全球兒童智慧手錶各區域出貨量分布，中國的出貨量占比高達 97％，全球其他地區只占 3％。截至 2020 年，中國兒童智慧手錶的市場規模已達到約人民幣 150 億元（以下同為人民幣），預計 2021 年將達到 175 億元。

中國出產的兒童智慧手錶還有一大特色，就是能透過「碰一碰」或「搖一搖」方式加好友，讓用戶建構屬於自己的社交圈子。不過，由於大部分品牌打造的社交圈都具有專屬性，即雙方要擁有同一品牌的手錶才可互加好友作互動，這一方面成為品牌鞏固自身護城河的手段，亦同時限制了消費者對產品的選擇自主權而為人詬病。根據「蓋得排行」兒童電話手錶推薦榜排名，前七名品牌分別為：小天才、華為、360、糖貓、阿巴町、小尋和小米。

智慧手錶是否會取代傳統手錶？

全球數位化浪潮下，眾多傳統工藝都被科技產品逐步蠶食市占率，就像紙本書和電子書之間的競爭關係，傳統手錶和智慧手錶亦不例外。Apple Watch 無疑是智慧手錶的領軍人物，能夠較勁的傳統手錶代表必然是瑞士手錶。雖然瑞士每年的手錶產量超過 2,000 萬支，僅占全球總產量的 2%，但按價值計算，它占據了全球鐘錶市場 50%以上的市占率。

自 Apple Watch 面世的 2015 年開始，整個瑞士手錶行業的出口量就不斷下滑。根據策略分析機構的研究，Apple Watch 於 2018 年出貨量為 2,250 萬支，瑞士手錶業為 2,420 萬支，但 2019 年 Apple Watch 已成功擊敗整個瑞士錶業，出貨量達到 3,070 萬支，瑞士手錶業同期出貨量只有 2,110 萬支。若以營收規模來看，現今瑞士手錶仍超越 Apple Watch，因為瑞士手錶的價格定位相對較高，但有預測指出，Apple Watch 的盈利在 2023 年將超過瑞士手錶。

現今智慧手錶的主力消費族群仍是年輕人，而瑞士的傳統機械手錶則較受年長人士歡迎。有瑞士鐘錶業者認為，智慧手錶的面世帶動年輕人戴手錶的習慣，而隨著他們年紀愈來愈大，亦會將手錶視為身分地位的象徵，

而開始將注意力轉向精美的瑞士鐘錶。瑞士鐘錶的定位是精品類的收藏品，這是智慧手錶難以取代的地位。

腕錶收藏家李岳龍則表示，「工藝還有機械結構、身分地位的表彰及歷史延伸，絕對是瑞士機械錶的長處，而智慧手錶的便利性及生活管理同樣令人難以割捨。但智慧手錶畢竟仍屬電子商品，改款升級或停止更新是避免不了，而且續航力不持久需要每天充電的不方便、收藏性及使用年限無疑是致命傷。」

名牌的身分象徵和智慧化的方便，難道真的不能共存嗎？實際上，近年已有不少奢侈品牌推出智慧手錶，例如「TAG Heuer」、「LVMH」和「Gucci」等，但這種結合能否產生出一加一大於二的協同效果，帶來更大的市場規模，仍需時間觀察。

網路安全監管的序幕，
國資雲領軍是大勢所趨

　　網路數據安全是近年中國政府強調的重點，在「十四五」規劃鼓勵下，企業逐步走向數位化，數據不僅屬於企業的生產資源，更是關乎個人隱私，乃至社會群體利益的重要基石，對國家的綜合國力和長治久安都起著關鍵的作用。數據在生活中幾乎無處不在，訊息的傳遞更是無遠弗屆，例如下載手機應用程式時，總會彈出有關「個人隱私收集」的頁面條款以作確定，我們的資料數據在不經意間，可能已掌握在某些企業手上。

　　無論是企業或個人，如何選擇將資料放進適合的雲端是必需謹慎考慮的課題。絕大部分企業會透過第三方公有雲平臺（例如阿里雲、騰訊雲、華為雲等）去處理雲業務儲存，但 2021 年 7 月發生的「滴滴」事件及同年 8 月的「阿里雲洩露用戶註冊資料」事件，卻敲響了國家數據安全的警號。隨後更傳出中央政府要求中國企業在結束與第三方公有雲平臺的租約後，兩個月內需遷移至「國資雲」的消息。「雲業務是否將收歸國有」、「行業競爭格局是否會改變」，乃至「國有企業的資訊安全能否改善」等，隨即成為市場熱門話題。

滴滴事件成導火線

2012 年成立的中國網路科技巨頭「滴滴出行」（以下稱滴滴），短短 9 年間，就由只有預約叫車服務，發展至可以代駕、試駕，甚至共乘出行，更於 2016 年收購競爭對手優步（Uber）的中國業務。現今滴滴出行應用程式通用全球 17 個國家，是世界上最大的出行服務平臺，截至 2021 年，總用戶數達 5.8 億人，中國就占當中的 3.77 億活躍用戶。

2021 年 6 月底，當時估值 670 億美元的滴滴在美國紐約證交所上市，是繼 2014 年阿里巴巴赴美上市後，規模最大的中國公司首次公開募股（IPO）。和以往的網路科技公司相比，滴滴這次上市顯得非常低調，不單沒有敲鐘，甚至連官方新聞稿都沒有公開發布，結果在上市不足 48 小時，就被中國監管部門實施網路安全審查。又過了 48 小時，監管力度再加碼，中國網信辦要求「滴滴出行」應用程式下架，並且停止新用戶註冊。事件震驚整個美股市場，其後滴滴股價持續下挫，不足一個月已跌逾 50%。

剛上市就遭受中國政府重拳，市場傳言是因為滴滴為求美國上市，竟將中國道路數據和用戶數據打包交給美國。不過，滴滴副總裁李敏稱很快就澄清，指這說法是惡意造

謠，並指「國內用戶的數據都存放在國內服務器，無可能把數據交給美國。」

螞蟻集團自 2020 年 11 月來港上市觸礁後，中國政府開始就反壟斷、金融秩序、大數據出海、教育機構去商業化、防治沉溺遊戲等問題，對各網際網路企業展開整頓行動，期間甚至傳出國企將入股網際網路企業的消息。

《彭博》專欄作者高燦鳴曾撰文表示，「中國正要求這些民間企業交出數據，是為擁有更多控制權。」對比其他網際網路公司，滴滴擁有每名用戶的即時地理定位位置，因此其儲存的數據比其他公司更為重要。近年中國消費者的隱私意識愈來愈強，中國政府特別關注滴滴這類掌握敏感資訊的平臺亦是理所當然，同時，這起事件也提醒國際投資者在投資中國企業時，突如其來監管因素將是難以提防的一著。

阿里雲被翻舊帳

網路數據安全的不利消息持續發酵，接下來的 8 月，阿里雲就被浙江省通信管理局責令違反《中華人民共和國網路安全法》的規定，在未經用戶同意下，擅自將用戶留存的註冊資料洩露給第三方合作公司，並要求改正。事後

阿里雲回應，原來這是差不多兩年前的舊事：「該投訴事件應為 2019 年雙 11 前後，阿里雲一名電銷員工違反公司紀律，利用工作便利私下獲取客戶聯繫方式，並透露給分銷商員工，最終引發客戶投訴。」

雖然這次洩露或未對用戶造成實質性損失，而阿里雲方面也強調公司嚴禁員工洩露資訊，並會強化改進，但被無端翻舊帳又是否「空穴來風」？肯定的是，這事件已引發了市場眾多討論，更多人開始關注網路安全監管的問題。

然而，阿里雲洩露用戶註冊資料只是眾多網路侵權案例冰山一角。「互聯網信息服務投訴平臺」的資料顯示，單是 5 月收到的 21,585 件投訴當中，網際網路企業就占有 17,392 件。現今各種應用軟體和小程序已滲透我們生活的每處角落，這些程式進行用戶數據收集時，往往存在捆綁資訊收集和刻意多重收集的情況，加上使用者又慣性隨意授權，最終資訊洩露的風險就不斷增加。

監管法規重拳出擊

上述事件給出兩個重要訊息，一是網路科技公司掌握了眾多個人和其他企業的數據資料，尤其是扮演儲存資訊的雲業務公司；二是不能排除這些網路科技公司會將資料

外洩或轉移他者的可能。

　　監管部門對於個人資訊，及企事業單位資訊安全保護的重視度日益提升，相應的法規亦陸續出臺。其後發布的《中華人民共和國數據安全法》和《關鍵資訊基礎設施安全保護條例》也明確指示，「政府將對未經允許就將數據轉移到境外，或是將數據提供給外國司法機構等行為做出裁罰」。

　　隨著政府監管部門對於網路資訊監管及合規運營的要求持續升級，且進一步擴大用戶資訊安全保護力，對於掌握大量用戶數據及關鍵資訊的雲業務企業來說，所需肩負的責任尤為重大。

疫情令雲業務加速發展

　　說到雲業務發展，近年多得新冠疫情的「助力」，直接推進了中小企業數位化轉型。有研究指出，這波疫情將全球的數位化進程平均提前 5 至 7 年。在遠距辦公、教育、醫療及智慧化生產等領域上，不少企業都開拓了大量新型網路產品和服務，雲計算、物聯網、工業網際網路、區塊鏈、大數據、人工智慧等技術應用近年都加快普及，尤其是雲計算技術，已成為全球企業數位化轉型的關鍵基礎設

備，是各行各業的剛性需求。

中國信息通信研究院發布的《雲計算白皮書（2021）》顯示，2020年中國雲計算市場規模達2,091億元，速度增加56.6%，預計2023年市場規模將接近4,000億元。

作為「新基建」核心技術的雲計算，收集和處理著眾多企業和個人資訊，無疑是鎮守網路安全的第一大防線。尤其上傳到雲端的數據和資訊愈來愈多，這些重要的國家戰略資源都必須作出重點保護，因為這是涉及國家治理、經濟發展和人民生活安全的範疇。

眾多衍生出來的網路安全問題，包括數據洩露、網路詐騙和勒索病毒等有組織的駭客網路攻擊，都是每個國家時刻都在面對的難題。再加上不同雲技術廠商普遍對基礎設施即服務（IaaS）、平臺即服務（PaaS）、軟體即服務（SaaS）安全責任邊界模糊，且許多企業會採用多雲模式，萬一企業對雲端安全責任邊界沒有界定清楚，很易會成為網路攻擊與違法犯罪的缺口。

國資雲勢必取代龍頭雲企

國資雲的本質是讓國企從第三方託管的公有雲，轉向使用國資專屬行業雲。國企數據資源屬於國有資產，所以

基礎設施即服務、平臺即服務、軟體即服務，三者有何不同？

　　基礎設施（Infrastructure）、平臺（Platform）和軟體（Software）是雲計算的三個分層，基礎設施在最下層，平臺在中層，軟體在頂層，其衍生產物就是「基礎設施即服務」（Infrastructure as a Service，簡稱 IaaS）、「平臺即服務」（Platform as a service，簡稱 PaaS）和「軟體即服務」（Software as a Service，簡稱 SaaS）。

　　若以「披薩」作比喻去理解三者分別：從披薩店買一件製成品回家烘焙享用，就是基礎設施即服務；打電話叫外賣，讓別人將披薩送去你家，就是平臺即服務；直接去披薩店吃，就是軟體即服務了。

　　基礎設施即服務提供雲計算基礎架構，包括伺服器、存儲、網路和作業系統，用戶毋需購買伺服器、軟體、資料庫空間或網路設備，只要按需要購買相關的資源外包服務即可使用。大型基礎設施即服務公司包括亞馬遜（Amazon）、微軟（Microsoft）及威睿（VMWare）。

　　平臺即服務提供雲計算平臺與解決方案服務，讓用戶快速、方便地創建全球資訊網應用，毋需管理與控制下層的雲端基礎設施，但需要控制上層的應用程式布署與應用代管環境。大型平臺即服務公司有「Google 應用服

務引擎」和「Microsoft Azure」。

　　軟體即服務屬於「即需即用軟體」，僅透過網路，而毋須透過安裝即可使用。常見的商業軟體應用包括會計系統、協同軟體、客戶關係管理和管理資訊系統等。不少數位化轉型企業都傾向將硬體和軟體維護及支援外包給軟體即服務公司，來降低資訊科技上的成本支出。「微盟」和「醫渡科技」都是為人熟悉的軟體即服務公司。

交由國資監管和統一管理，保護國有數據資產安全是建設國資雲的核心目的，國資雲的推廣和陸續落地必然是未來的大勢所趨。

國資雲的優勢在於為國企提供集中及簡約化的一站式雲服務，減少國企內部的資訊化基礎設施重複建設和資源浪費，形成基礎設施規模化效應。同時，有利加速國企等數位化轉型，推動創新行業發展。在建設國企在線監管雲平臺項目時，國資雲的出現亦會強化對國企的現金流、業務流等的即時監管，讓洗錢等不法行為無所遁形。

早於 2020 年 9 月，中國的中央政府已開始為國資雲出臺布局，當時國資委就發布《關於加快推進國有企業數字化轉型工作的通知》，要求加速國有企業的數位化、網路化、智慧化轉型，包括基礎設施和生產應用等。在此指導思想下，天津市、浙江省、四川省等地方國資委都帶頭投資、設立、營運國資雲平臺的建設。

「天津國資雲」就在 2021 年 3 月率先運行，由天津交通集團、天津國有資本投資運營有限公司等三間國企入駐；隨後浙江省國資委亦啟動「國資國企數字化監管應用」建設方案，當中包括「浙江國資雲」；四川省政府國有資產監督管理委員會也在同年 4 月正式發布，授權給四川省能

源投資集團下屬四川省數字產業有限公司負責國資雲的平臺建設和營運，而四川能投與四川電信在四川國資雲的營運上也達成戰略合作，形成聯合營運的創新模式。

同年 8 月底，網路流傳一份由天津市國資委發出、名為《關於加快推進國企上雲工作完善國資雲體系建設的實施方案》的文件，內容是下令要求使用華為雲、阿里雲、騰訊雲、天翼雲和移動雲等第三方雲端平臺廠商的國企，租約到期後兩個月內，必須將資料全部遷出，轉移至中國官方雲端平臺（即國資雲），最遲要在 2022 年 9 月底前全部遷移。

消息隨即惹來市場熱烈討論，有業內人士擔憂此舉將影響中國雲市場格局，尤其是阿里、華為、騰訊一類龍頭企業。根據市場研究機構科納仕諮詢（Canalys）發布的《2021 年第一季度中國公有雲服務市場報告》，阿里雲、華為雲和騰訊雲位居市占率前三名，占比分別為 39.8％、19.7％和 13.7％。所謂空穴來風未必無因，可以預期未來將有大量國企轉移去國資雲，這必然會對一群雲業務龍頭造成強烈衝擊。

嚴控未成年網遊玩家，
中國電競發展響警號

　　網路遊戲對人類的滲透力貫穿年齡層，兒童、青年和中年人士都是「低頭族」的中堅分子，在車上、餐廳、公司和行人路隨處可見。不能否認，網遊的設計總是帶著魔力般的吸引，令人容易沉迷。《數據、社交綁架與未成年人健康成長研究報告》分析過，網遊的開發者、服務提供者和參與其中的商家、廠家，都會設法透過遊戲玩法、設備、音樂、故事設定和晉級難易程度等方面，盡最大可能地抓住遊戲玩家的心理特點，並針對人性弱點進行專業化設計，令遊戲獲得廣大用戶喜歡，使他們持續投入時間、精力和財力……。早前網遊就被《經濟參考報》評擊為「精神鴉片」似乎都不為過。

　　受新冠肺炎疫情影響，近 2 億中國中小學生因上網課而需要頻繁使用手機和電腦，增加了接觸網遊的機會，但任何事一旦過度沉迷都會帶來反效果，玩網遊亦然。今年中國政府就嚴打未成年人在「精神鴉片」的沉迷行為，包括限制他們的上線時間。其本意是為青少年身心健康發展著想，但有分析就擔心，措施會影響電競運動員的成長，甚至嚇退遊戲商於中國發展的意願，打擊近年急速發展的

電子競技產業。究竟規管與推動能否做到並駕齊驅？

青少年每週玩網遊最多 3 小時

早在 2019 年 11 月，國家新聞出版署就發出《關於防止未成年人沉迷網遊的通知》，要求嚴格實名註冊，所有網遊用戶均須使用有效身分訊息方可進行遊戲帳號註冊；嚴格控制未成年人使用網遊時段、時長。規定每日 22 時到次日 8 時不得為未成年人提供遊戲服務，國定假日每日不得超過 3 小時，其他時間每日不得超過 1.5 小時。

隨後新修訂的《未成年人保護法》於 2021 年 6 月正式實施，其中新增「網路保護」專章，規定網路產品和服務提供者不得向未成年人提供誘導其沉迷的產品和服務。網遊、網路直播、網路影音、網路社交等網路服務提供者應當針對未成年人使用其服務設置相應的時間管理、權限管理、消費管理等功能。

接著《經濟參考報》在同年 8 月初刊登題為《「精神鴉片」竟長成數千億產業》的文章，表示網遊對未成年人的健康成長造成不可低估的影響，這一新型「毒品」突飛猛進、發展壯大成一個巨大的產業。當中引用業內人士看法，提出「遊戲作為一個新興產業，近年來快速發展、

規模可觀,如何趨利避害,引導其健康成長,始終是社會各界高度關注的焦點,相關政策不斷完善,但仍有改進空間。」此文雖然後來被刪除,到傍晚再將標題更名為《網遊長成數千億產業》重新刊出,內容亦不再提及「鴉片」和「電子毒品」等字眼,但這起新聞也造成當日一拳手遊企業包括騰訊和網龍等股價急挫。

國家新聞出版署同年 8 月底再發出《關於進一步嚴格管理切實防止未成年人沉迷網遊的通知》,針對未成年人過度使用甚至沉迷網遊問題,進一步嚴格限制向未成年人提供網遊服務的時間,所有網遊企業僅可在週五、六、日和國定假日每日 20 時至 21 時向未成年人提供 1 小時服務,其他時間均不得以任何形式向未成年人提供網遊服務。另外,嚴格落實網遊用戶帳號實名註冊和登錄要求,不得以任何形式向未實名註冊和登錄的用戶提供遊戲服務。

沉迷網遊影響孩童身心健康

《2020 年全國未成年人網路使用情況研究報告》表明,未成年網民規模持續增長,在疫情下年輕化趨勢更為明顯。2020 年,中國未成年網民達到 1.83 億人,網際網路普及率為 94.9%,高於全國網際網路普及率的 70.4%。62.5%

的未成年網民會經常在網上玩遊戲，而未成年的手遊用戶中，玩遊戲時間日均超過 2 小時的達到 13.2％，高於 2019 年的 12.5％。

由於未成年人處於生長發育的關鍵期，長時間低頭使用手機、注視電腦，都容易造成身體機能損傷，身體素質下降。國家衛健委發布的數據顯示，2020 年中國兒童青少年總體近視率為 52.7％；其中 6 歲兒童為 14.3％，小學生為 35.6％，初中生為 71.1％，高中生為 80.5％。2020 年總體近視率較 2019 年的 50.2％上升了 2.5％。

過分沉迷帶來的不只是近視問題，還包括心理健康。中國科學院發布的《中國國民心理健康發展報告（2019 ～ 2020）》提到，小學階段的憂鬱檢出率約為 1 成；初中階段的憂鬱檢出率約為 3 成；高中階段的憂鬱檢出率接近 4 成，其中重度憂鬱的檢出率為 10.9％至 12.5％。當中部分學生就有沉迷網路世界、逃避現實的傾向，所衍生的問題包括厭學、失眠，甚至選擇結束自己的生命。

網遊企業須負起社會責任

遊戲產業在中國絕對是商機滿載，《2020 年中國遊戲產業報告》顯示，2020 年中國遊戲市場實際銷售收入

2,786.87 億元，同比增長 20.71％，其中，移動遊戲市場實際銷售收入持續上升，2020 年實際銷售收入 2,096.76 億元，按年增長達 32.61％。近十年來，中國遊戲相關企業的年度註冊增加速度亦呈波動上漲勢頭，2019 年中國新增遊戲相關企業超 6.5 萬間，為歷史新增數量最多的年分；2020 年新增遊戲企業超過 5.8 萬間，遊戲企業總數逾 28 萬間。

《人民日報》曾發文章表示，「引導青少年合理利用網路，適度使用網遊產品，讓青少年不再沉迷網遊……網遊沉迷是社會問題，防沉迷工作是一項系統工程，需要社會各方面共同努力。在政府部門嚴格監管之外，遊戲企業必須主動承擔社會責任，堅決落實防沉迷工作各項要求。」

遊戲行業不但具備內容的傳播性、價值觀及世界觀的可塑性，也被普遍認為是內容行業中的重要組成部分，中國遊戲企業除盈利外，注重企業形象和社會責任都是相當重要，具體包括社會公益、文化傳播、競技推廣和權益保障等，其中《2021 年網遊企業社會責任感專題報告》就點名提到騰訊發揮領頭作用，樹立了良好的業內形象。

騰訊全面加強未成年保護體系

騰訊代表作《王者榮耀》自 2015 年上線以來都獨傲市場，2020 年日活躍用戶數日均一億，霸占著國內手遊流水的最高寶座。騰訊遊戲在 2020 年實現營收達 1,561 億元，較排在行業第二位的網易遊戲高出了 1,015 億元，可說是手執中國遊戲市場的半壁江山。

2017 年時，騰訊已上線「成長守護平臺」，目標與家長共同監護孩子的遊戲時長、遊戲消費等訊息，同時幫助家長給孩子規劃良好的遊戲行為計畫。2017 年中，騰訊上線了比「防沉迷」更為嚴格的健康系統，使得未成年用戶單日在線上時長比 2016 年下降了一半以上。

騰訊在 2018 年再推出「未成年人遊戲消費提醒」服務，對旗下遊戲疑似未成年人的高額消費實施監控和家長推送提醒。隨後騰訊再針對用戶量巨大的《王者榮耀》，以北京為起點，正式啟動強制公安實名校驗，以此加強對未成年用戶的進一步管理。

2021 年 8 月初舉辦的第 19 屆中國國際數位互動娛樂展覽會上，相關部門就對遊戲行業主動展開青少年保護工作，乃至履行社會責任等方面，提出更多要求，騰訊亦響應推出「雙減、雙打、三提倡」新措施，對玩家提出多項

打機限制，並以《王者榮耀》為試點。

「雙減」是指減上線時間，非節日及節日的打機時間，會分別降低至 1 小時及 2 小時，以及減增值，即禁止未滿 12 歲的小學生於遊戲內課金消費。「雙打」即打擊盜用身分及打擊作弊，前者是針對青少年冒充成年人登入遊戲的情況，後者是打擊玩家透過加速器登陸及部分第三方平臺，買賣成年人帳戶行為。「三提倡」是提出三個針對遊戲行業及玩家的建議，包括對倡議業界進一步強化遊戲防沉迷系統，控制青少年遊戲時間過長問題、深化對遊戲適齡評定和實施機制研究，以及倡議業界討論禁止未滿 12 歲的小學生進入遊戲的可行性。

整體上，騰訊的未成年人保護體系已頗為為完善，基本涵蓋了事前、事中、事後三個層面。

扶持電競產業職業化

中央政府持續對網遊監控加強限制，但同時亦在電競產業成型上下了不少工夫。2003 年，電競正式成為國家體育總局承認的第 99 項運動項目，明確電競作為一個體育項目所具備的對抗特徵及一定的競技水準。2013 年國家體育總局組建電競國家隊。2015 年至 2016 年，中國出現本土

創辦的國際電競賽事，例如阿里體育主辦的世界電競運動會（WESG）。及至 2022 年，杭州亞運會亦把電競列為比賽項目。

如今全國有不少於 20 間高校已開設電競專業課程，電競已慢慢蛻變成為正經的職業。據統計，目前中國共有超過 5,000 支電競團隊或相關俱樂部，整體從業人數超過 50 萬，預計未來 5 年，電競行業需要的人才多達 200 萬人。

國家人力資源和社會保障部已公布「電競員」國家職業技能標準，電競員即是從事不同類型電競項目比賽、陪練、體驗及活動表演的人員。要成為一名專業電競員，最起碼要初中畢業或具相當文化程度，當中又劃分為 5 個職業技能等級，一級是最高級，最低級的初級工，需具備電競相關工作一年以上經驗，愈高級就需要累積更多經驗。但如果是國際賽獎項得主的話，就可直接成為一級高級技師，而所有想要評級的人，都需要通過理論知識考試和專業能力考核。

《2021 ～ 2027 年中國電競遊戲行業市場運營格局及前景戰略分析報告》顯示，近年中國電競遊戲市場用戶規模呈直線增長趨勢，2020 年中國電競遊戲用戶高達 4.88 億人，較往年同期增長 0.43 億人。從年齡分布來看，2020 年

網遊和電競有何不同？

中國文化管理協會電子競技管理委員會會長王國基表示，會堅決支持、積極響應新聞出版總署防止未成年人沉迷網遊的措施。他提到「要區別對待網遊和電競，積極推動電競與文化、科技和體育運動相結合，將網癮少年對網遊的癡迷，轉變為積極學習文化、增強科技興趣和參與電競運動的動力」。

電競是建立在遊戲基礎上，像《英雄聯盟》、《守望先鋒》及《DOAT》等備受追捧的遊戲已被列入比賽範疇。電競與網遊最重要的兩點區別就是：

（1）網遊屬於娛樂遊戲，電競屬於體育運動項目；網遊主要是在虛擬世界中以追求感受為目的的模擬和角色扮演，電競的目的則是在資訊技術營造的虛擬環境中，有組織進行人與人之間的智力和體力對抗的一項運動比賽。

（2）電競有明確統一的比賽規則，最大特點是嚴格的時間和回合限制，而網遊就沒有明確統一的比賽規則，包括時間和回合限制，因此容易使人沉迷。

相比起網遊是空閒時拿出來消遣的娛樂遊戲，電競本身就具備了體育運動項目的本質，選手需要在比賽前進行長期刻苦訓練，而比賽時更要在有限時間內，作出準確分析和判斷對手的戰術，再作出正確行動，擊敗對手成為贏家。

中國電競用戶年齡集中在 19 至 22 歲，占比為 39.7%，18 歲及以下占比為 9%。

限時打機約束電競選手成長

然而，眾多對未成年人沉迷網遊的防治措施出爐，或許會對近年發展迅猛的電競產業帶來一定負面影響。電競產業的發展主要得益於遊戲公司的大力扶持，從遊戲競技平臺、電競職業聯賽，乃至世界電競聯賽，都是由遊戲公司主導。近年大量國內及海外資金湧入這個產業，使得中國電競行業急速發展。不過，近期對限時玩網遊的措施，或許會大大減退電競隊伍或遊戲商於中國發展的吸引力。

另一方面，未成年人每星期只有 3 小時可以玩網遊，這不但弱化了培養青少年對電競的興趣，對已是職業電競的未成人來說更可能是惡夢。公認的職業電競黃金年齡，大約是 17 至 23 歲，但很多進行專業訓練的選手，入行時多數是 16 歲以下，因此「一週 3 小時訓練」的效果明顯是無法與職業選手一貫的高強度訓練畫上等號，這就意味著，大部分未成年選手或需暫停訓練計畫，甚至被迫回歸校園，這不但會影響電競選手的成長之路，甚至削弱未來國家電競產業的整體水準。

自發出《關於進一步嚴格管理切實防止未成年人沉迷網遊的通知》後，電競行業也開始自查自糾工作。「王者榮耀甲級職業聯賽（KGL）」率先響應，表示將根據文件精神將對參賽選手年齡展開合規工作，同時「王者榮耀職業聯賽（KPL）2021 年秋季賽」亦延期舉行。及後，「和平精英職業聯賽（PEL）」也作出同樣決定，宣布將對參賽選手年齡展開合規工作，並推遲「PEL 2021S3 賽季常規賽」第三週的舉行。

　　一系列未成年人防沉迷新規的出現，短期內電競行業無可避免會受到影響，甚至很多俱樂部青訓都會出現青黃不接的情況，但還會對電競產業帶來什麼長遠衝擊，例如今後電競選手會不會要年滿 18 歲才能開始訓練、職業選手與普通玩家是否規例上需立例區分等，這些需進一步觀望國策的動向。肯定的是，如何在電競產業發展的同時，又能避免未成年人沉迷網路，絕對是一個情勢複雜、需要深入思考的議題。

CHAPTER 04

潛力生活科技產業蓄勢待發

無論你已擁有多精要的投資技巧，還是一針見血的贏利心得，這些無非是眾多工具之一二。要令工具使用起來更加得心應手、物盡其用，最需要的其實是擁有廣闊的視野。當目光足夠遠大，同時能理解當下生活發生的大小事情，我們自然就會建立起獨當一面的大局觀，甚至能預視未來的世界趨勢。

＼「三孩政策」助攻母嬰經濟，／
新世代家長改變消費生態

　　近年中國面對「高齡化」及「少子化」困境已甚為迫切，國家統計局公布的全國人口普查數據顯示，2020 年中國內地育齡婦女總和生育率（一生生育數量）只得 1.3，不但較 10 年前的 1.63 大幅下降，更創下 1949 年建國以來新低。參考世界銀行資料，這數字更遠低於美國的 1.64 及日本的 1.42，是全球 200 個國家及地區中，排名 190 位。這對一個全球人口最多的國家來說，無疑響起了「青黃不接」的警號。

中國 2020 年總人口為 14.1 億，10 年間增長 5.3％，但近年增加速度卻呈現放緩。社科院的研究估計，中國人口 2027 年到達高峰後會開始收縮，世界銀行更預測由 2029 年開始，中國人口將轉為負增長。如果不及早找方法應對人口問題的話，中國經濟不但會遇上嚴峻挑戰，長遠下去更會影響全球經濟的增長動力。

　　為因應中國人口發展變化形勢，自十八大以來，中央政府先後實施「單獨兩孩」及「全面兩孩」政策都取得不俗成效。2021 年 5 月於中共中央政治局召開的會議中指出，「將進一步優化生育政策，實施一對夫妻可以生育 3 個子女政策及配套支持措施」。到了 8 月，國務院總理李克強亦審議通過《中國婦女發展綱要（2021～2030 年）》和《中國兒童發展綱要（2021～2030 年）》。兩個綱要明確，完善三孩生育政策配套支持措施，落實產假制度和生育津貼，探索實施父母育兒假，依託社區發展普惠托育服務，推動將 3 歲以下嬰幼兒照護服務費用納入個人所得稅專項附加扣除，加強住房等支持政策，多措並舉減輕家庭生育、養育、教育負擔。

　　「三孩政策」的推行，相信可藉著推動國內新生兒數量，舒緩人口老化加劇、男女比例失調，以及人口紅利下降的

不利局面，同時在經濟層面上，孕產養護、養育子女問題都會成為社會焦點，企業如能把握這個風口，將有助促進母嬰產業的發展。

現今家長更重視產品品質

說到母嬰產業，第一時間都會想到奶粉、尿片等傳統消費品，但實際上現今母嬰產業的跑道已變得相當廣闊，由備孕到懷孕的媽媽，再到生產後及嬰童階段的成長，當中母嬰群體的生活範疇，例如嬰兒輔食、早教、孕婦幼兒洗護、產前產後護理等，就涵蓋衣、食、住、行、用、教、娛各方面消費，細分下的各種產品，都為母嬰市場帶來更多潛在商機。

中國自從 2015 年底全面開政「兩孩政策」後，母嬰市場規模就出現了爆發性增長，從 2014 年的人民幣 2 萬億元（以下同為人民幣）增長至 2020 年的 3.91 萬億元，增長率維持在約 10％，並預計到 2021 年及 2023 年分別可達 4.3 萬億元及 5.5 萬億元，而「三孩政策」的出現或許將刺激母嬰市場進入新一輪的噴發式增長。

隨著普遍中國家庭愈來愈富裕，家長對子女健康成長的品質要求，都有顯著提升。《2020 兒童經濟洞察報告》

母嬰細分產品，屢獲知名基金及明星投資支持

面對充滿潛力的母嬰市場，不少知名基金已搶先加入創投，其中就有兩個細分產品的市場較受資本青睞，首先就是包括早教、托育、啟蒙教育項目的教育企業。2021 年 1 月，在線啟蒙英語品牌「嘰里呱啦」完成了近億美元 C 輪融資，其主要為 0 ～ 8 歲兒童提供英語啟蒙產品，投資者就有騰訊、摯信資本紅杉中國、真格基金等知名的投資機構。另外完成融資的還有兒童啟蒙教育品牌「常青藤爸爸」，蘭馨亞洲領投、星納赫資本等向其挹注資金 3,000 萬美元。

其次是兒童食品，產品覆蓋嬰兒輔食、兒童零食，甚至嬰幼兒食用米等細分的產品，投資者名單中除了天圖投資、真格基金等老牌機構外，知名演員章子怡、奧運冠軍陳一冰也在其中，而這兩位名人早在 2017 年已投資寶寶米品牌「米小芽」，目前其產品已從米麵主食拓展至寶寶調味品、寶寶零食。

顯示，在一個家庭總支出中，育兒支出占比大約是 30 至 50％，這一數據在 2018 年僅為 22％，反映當代父母對孩子所願意付出的金錢和精神，都呈現上行趨勢。

大多千禧世代的家長教育水準都較高，他們會更注重嬰兒健康和衛生，而且會更願意花費在嬰兒用品消費上。例如，從前的家長每日會為嬰兒更換尿片一至兩次，又或有需要時才作出更換，但現在的家長會考慮到衛生問題，所以每日會為嬰兒更換尿片 4 至 5 次不等，變相增加了這類一次性消耗品的使用量，亦即增大了育嬰消費的開支。

在選購母嬰用品方面，現今家長除會考慮產品安全和價錢外，更會留意很多細節上的事項，就像會關注產品用料及成分，又或質地是否舒適、用後效果如何，以及是否會引起過敏等因素；同時也會受新穎的產品功能吸引，例如有尿濕顯示功能的尿片，都有助他們知道何時要更換等。比起以往家長的消費心態，創新產品在功能上的重要性，已有凌駕於價格上考量的趨勢。現今家長對孩子衣食住行、教育、娛樂等方面尤其重視，這些都會使他們願意在更好、更細膩的產品和服務上消費。

近年母嬰產業消費者的最大改變有兩點，一是更加理性，由於現在的父母在養育方面有了更多獲取資訊的管道，

資訊對稱降低了他們的焦慮，所以在選購產品時會更看重產品品質本身；二是更關注產品的個性化，例如會對童裝時尚方面有更高的要求，以及選擇玩具時追求有更多層次變化和教育意味，這種心態上的改變，有望令創新產品帶來更明顯的增長。與此同時，聚焦母嬰市場的企業亦應多從以上因素作戰略考量，以滿足家長消費者最核心關注的需求。

母嬰平臺成主流資訊集中地

根據艾媒諮詢（iiMedia Research）調查，中國媽媽群體年齡分布中，26 至 30 歲占比已超過 4 成，反映 90 後已成為媽媽群的主力成員。隨著 90 後媽媽群體逐漸成為母嬰經濟的推動引擎，她們在準備或已成為媽媽的時候，都習慣透過線上途徑去獲取育嬰方面的資訊。

現在 90 後媽媽在母嬰平臺的占比已超過 65％，屬於主流用戶，她們平均使用 3.2 個媒介形式獲取母嬰資訊。而整個媽媽群體內，超過半數的受訪用戶最偏好的母嬰平臺是「媽媽網」，其次是「寶寶樹」，這兩者都屬於母嬰社區類應用軟體。不同階段的媽媽群都偏好於綜合性的母嬰社區，最大的原因莫過於家長間可即時互相交流的特性。

無論是中國還是香港的新世代媽媽，她們的消費決策都已習慣圍繞著母嬰平臺進行，而群內其他媽媽、網紅，以及關鍵意見領袖（KOL）的推薦，都會對其消費行為造成重要影響。不少年輕媽媽在觀看由喜愛的名人或關鍵意見領袖上載的新產品評論、直播帶貨後，都會毫不猶疑買來試試，這種消費行為，都令大小企業更願意投放資源、透過各種社交媒體或邀請關鍵意見領袖作代言推介，來提升媽媽群對自身品牌的認識。

　　在愈趨數位化的生活模式下，母嬰市場的發展可透過網購平臺、母嬰用品商店、母嬰服務場所、母嬰社群等跨界管道聯動去實現爆炸式增長。參考天貓母嬰親子平臺的近期數據，母嬰親子趨勢、時令品類都增長迅速，新品類大量湧現，例如嬰兒零輔食、嬰兒服裝等、精華紙尿褲、有機牛奶粉等趨勢品類增速 25％；防叮咬、驅蚊等時令品類增長 20％；智慧學習燈光一體機、兒童趴睡枕等新品類不斷湧現。隨著社會媒體的滲透率上升，相信都會為未來母嬰市場的發展帶來更好的群體基礎，加速拉動整個母嬰產業。

開發母嬰家電市場，應以家長體驗先行

中國母嬰家電市場現在仍處於起步階段，市場規模大約 300 億元，雖然增長速度快，但市場滲透率偏低，競爭未見激烈，暫時未見有龍頭品牌明顯跑出。不過，就目前市場來看，本土母嬰品牌就憑著高性價比為亮點稍作領先。

實施「二孩政策」期間，曾有分析指在政策影響下，預計每年可新增超過 300 億嬰幼兒消費品消費，至少帶動行業約 13% 增長空間。那麼按照這方法推算，可以推斷在「三孩政策」下，預計每年可新增超過 600 億嬰幼兒消費品消費。

在「三孩政策」推助下，必然會使家庭人口數量增加，造成家庭消費結構和社會需求的變化，而這亦會加速智慧家居普及化的趨勢。智慧家居最大的特點在於智慧化，無論是孩子還是老人，都能夠輕鬆掌握，並且能解決孩子數量增加而帶來的居家安全問題。

例如不少在職父母，都需要購買智慧鏡頭，讓自己可隨時隨地看到孩子的動態，更放心工作。近年出產的各種智慧門窗、高溫、煙霧傳感器，都能夠即時制止孩子可能做出的危險行為。在消費升級的浪潮驅動下，家居安全與智慧家居的結合，將會成為更多新世代父母的選擇。

「三孩政策」對家電行業是長遠利好的，因為家長們會越來越傾向於選擇智慧化的電器，來幫助減少精力和體力的過度消耗。德爾瑪電器（Deerma）副總裁李軍衛認為，「現在母嬰電器的品類還比較少，圍繞省心省力的方向應該有很大的拓展空間。」

　　由於母嬰電器的使用對象並非孩童本身，而是大人，所以如何能夠在用戶場景和體驗上，更有效幫助父母能夠省心省力去解決繁瑣的日常事務，會是企業開發創新產品時最要優先考慮的地方。

中國人口結構變化，推動寵物經濟爆發式增長

「養狗守門口、養貓捉老鼠」是過往人類對飼養寵物的首要目的，但現在無論是男女老少、不分年齡和性別，都為寵物帶來了新的定義「家人」。身處現今社會無時無刻都充滿壓力，甚至於最簡單人與人之間的溝通，出於個人的安全感，都難免需要偽裝自己，被迫享受孤獨。然而，在面對寵物時，你永遠可以作最自然、最真實的自己，因為寵物是忠誠的夥伴，更是自己的家人。

獨身主義與人口老化是催化劑

很多單身人士都會透過飼養寵物來緩解孤獨感，這一因素促使寵物經濟高速發展。根據《中國統計年鑑 2020》資料，2019 年 15 歲以上未婚人口總數超過了 2,000 萬，到今年的獨居人數更預計會達到 9,200 萬，占中國總人口6％以上，比德國人口數量還要多。

隨著中國近年經濟崛起，人均收入和生活品質都有顯著提升，亦拉動了消費者在寵物上的花費金額，從 2017 年到 2020 年，中國每隻寵物的人均消費增長了 53％，達到

6,653 元。前瞻產業研究院更估計，到 2023 年，中國寵物經濟預計將達到 4,723 億元，是 2019 年的兩倍。

單身貴族的消費模式與傳統家庭相當不同，由於比較少家庭負擔、毋須花錢在養兒育女身上，他們在精神上的消費顧慮都比較少，而相對上物質方面的消費能力就會較強，因此單身人士的邊際消費傾向[1]普遍遠高於非單身人士。當然，單身的生活看似瀟灑寫意，但單身生活久了，也會感到孤單寂寞，於是很多單身人士會透過飼養寵物來緩解這分孤獨感，所投放的精神、金錢和時間，更是非一般的巨大，而他們亦享受著寵物對自己情感上的回饋，這種雙向互動正是促進寵物經濟發展的持續模式。

單身男女很多都會被稱為「宅男、宅女」，因為比起出外逛街，他們更喜歡留在家中進行網路社交。這並非指他們都不愛說話，只是未必擅長以面對面的方式在現實世界中表現自己。飼養寵物不僅僅讓他們體會到陪伴和被需要的感覺，更重要是可以借助網路社交平臺，分享他們與寵物的可愛合照和互動短片等，這亦讓他們找到一種適合自己與世界溝通的方式。可以預見的是，單身人群的擴大及其消費特性，必將繼續為寵物經濟帶來助力。

---

[1] 邊際消費傾向，是指每增加的一單位收入中用於增加的消費部分的變動幅度；簡單來說，就是每多賺一元，會增加多少消費。

除了愈來愈多年輕人選擇單身外，人口高齡化都是另一個刺激中國寵物經濟的因素，想像身邊沒有子女在旁，甚至老伴已經離去，要填塞心中那分空虛感，透過飼養寵物未嘗不是主流的方法。經濟學人智庫（EIU）中國首席分析師蘇月預計到 2030 年，中國高齡人口占比（65 歲及以上人口占比）將達到 18％，相當於西班牙和挪威當前的水準，即大約每 6 人中就有 1 人年齡達到 65 歲以上。全國老齡辦更預測，在 2015 至 2035 年期間，中國老年人口將以年均 1,000 萬人的速度增長，不難想像人口老化為寵物經濟帶來的市場潛力是有多大。

本土品牌要出頭，需更專業化及細分化

2020 年中國寵物消費市場規模已達到 2,065 億元，而且整個產業鏈已逐漸形成上、中、下游配套。上游包括寵物交易買賣，中游就是食品、用品和醫療等最具經濟效益的項目，下游則是指周邊的消費項目，例如括美容和保險等。從消費結構來看，寵物食品是最大的支出，至於增長速度最快的是寵物醫療及寵物用品。

這個現象亦不難理解，現在人們對寵物的照顧，已不僅僅是提供一個地方睡覺和吃飯，而是更在乎寵物的舒適

度和快樂，甚至於對寵物自身興趣的關心程度，已由以往的廉價玩具，轉移至能增進動物健康的創新產品和服務，例如嗅嗅墊這類產品，主要就是針對有分離焦慮和過於喜歡狂吠的狗。

《2021 年中國寵物消費趨勢白皮書》亦顯示，中國寵物消費理性化已成為趨勢，消費者購買寵物商品時考慮最多的是產品品質、價格和安全性。此外，中國寵物食品市場競爭激烈，但前列位置則主要被國際品牌占據，2020 年京東寵物主糧前十名品牌市占率為 57.8％，其中國際品牌就占比 42.9％，反映人民還是傾向購買外國進口產品多於本土產品。

要加強中國本土品牌的競爭力，商家不妨從人們對寵物產品及服務要求更多樣化的趨勢入手。經濟學專家宋魁認為，「要完善發展寵物經濟，寵物產業一方面要推出專業化、便利化的服務，在專業化、差異化上下功夫。另一方面，還要持續優化消費者在寵物消費過程中的體驗，幫助消費者解決寵物消費中存在的痛點問題，才能獲得核心競爭力。」在全國消費升級的大背景下，純天然、無添加都會成為新的價值主張，由於現今整體市場格局分散，消費者呈現「多品牌偏好」特點，這都為本土牌開展創新產

疫情刺激線上平臺消費，「雲吸寵」成新興產業

　　反反復復的全球新冠疫情，都是助長寵物經濟的幕後推手。由於工作關係，主人們以往都較少時間陪伴寵物，但疫情下年青人被迫留在家中，加上在家工作亦成為趨勢，這些都增加了主人和寵物間的相處時間。

　　藉著這罕有機會，情感消費和補償性消費都應運而生，對寵物陪伴時間增加驅動整體寵物消費增長，也加速了在線「雲吸寵」人群的擴張，培養了更多實體經濟之外的新潛在消費者，因疫情使得線下實體店客源減少的情況下，變相令更多消費者轉移到線上，推動電商平臺銷售快速增長。

　　所謂「雲吸寵」，是指一些人將家中寵物日常生活的片段剪成影片，發布在網上，並引來很多人觀看和打賞的一種全新網路消費模式。由於不是所有人都有空間、時間和條件去養貓狗，於是轉而透過在網上翻看、讚好、轉發和打賞其他飼養寵物者發布的寵物相片和影片，感覺自己都是有分飼養該寵物，以滿足自己養寵物的心願。

　　這類短片已成為寵物關鍵意見領袖創作的主要內容平臺，而且吸引愈來愈多創作者加入，快手、抖音、小紅書、微博和微信公眾號都是活躍用戶滲透率及數量占比分布最高的平臺，而且單是快手一個平臺上的寵物特定觀眾量已超過 1 億。

快手發布的《2020 寵物生態報告》更提及，在快手每 5.4 秒就有一場寵物直播，場均直播時長為 1 小時；在短片領域，快手平臺上的寵物短片單日最高播放量為 7 億，而且每兩位快手寵物作者中，就有一位獲得收入。相信隨著社交網路的不斷發展，愈來愈多寵物主人透過在社交媒體上發布自己寵物的生活點滴，加上一定的故事包裝，網紅寵物的經濟效益也將得到更充分展現。

　　除了帶貨，寵物影片的內容已變得更多元化，以滿足用戶有關情感療癒等需求。克勞銳指數研究院數據顯示，萌寵內容能夠充當用戶的陪伴需求、娛樂方式、情感療癒、知識獲取、好物消費、資訊交流社區等功能。加上絕大部分主人都會透過網路管道獲取寵物相關資訊，包括寵物飼養知識、寵物娛樂、打折商品推薦等，並且習慣在線上購買寵物食品，主人們之間也會彼此借助網路平臺分享經驗、交流心得，這些都是促進了線上寵物消費的增長。

品研發提供了新機遇。

三大細分領域前景：寵物食品、用品及醫療

寵物食品是寵物生命週期的最大必需品，具有剛性需求及消耗量高的特點，是整個寵物消費結構中最重要的領域，當中包括寵物主食、零食、保健品三類；其中主食需求量最大，占比高達 64％。中國寵物食品市場正處於高速發展階段，近幾年平均成長速度約 20％。基於愈來愈多主人視寵物為自己的孩子或親人，於是更願意給寵物更高品質及更有營養的食品，這也促使寵物食品產業朝向更健康化及有機化轉型升級。

寵物用品包括除食品之外寵物生活所需的消費品，例如寵物用具、清潔用品、寵物服飾、寵物玩具等細分類別；其中，寵物日常用具和寵物清潔用品就占了總額近 80％。如今寵物用品呈現出國產化與智慧化兩大趨勢。得益於顧客對工廠（Customer to- Manufactory，簡稱 C2M）這新模式的出現和發展，結合大數據使客製化生產成為可能，這都推動了部分本土品牌崛起，加速了寵物用品國產化進程。同時，技術發展加上人民收入的提升，都令寵物的智慧型產品數量增加，例如智慧貓砂盆、自動餵食器、寵物

飲水機和寵物環境監控設備等，都呈現出快速增長的趨勢。

此外，不但中國人口有高齡化趨勢，就連中國寵物都正面對同一問題。根據《中國萌寵經濟崛起的品牌新商機》的預測，2020 至 2025 年，老年期年齡組的寵物（即狗大於 8 歲、貓大於 10 歲）的年複合成長率約 13％。鯨準研究院數據顯示，2020 年中國寵物醫療市場規模約為 560 億元；其中，寵物診療、寵物藥品、寵物疫苗分別占 95％、4％和 1％。

由於寵物醫療屬於剛性需求，進入門檻偏高，且具有較高定價權，也容易與寵物殯葬等產業形成很好的關聯合作，所以行業前景都相當廣闊，甚至可能比寵物食品行業更容易做出服務溢價。然而，制約著中國寵物醫療市場快速擴張的最大因素是人才儲備不足，特別是專業寵物醫生供給相對缺乏，這難題或許比較難在短時間內有效解決，未來行業對於寵物醫療人才的爭奪預料將愈來愈激烈。

＼年輕群體激發大健康需求，／ 催生睡眠經濟新興產業

隨著人類社會愈趨文明進步，生活各方面的追求都變得更高質、更高效。諷刺的是，我們的睡眠品質卻沒有因

此提升，反而是持續下降。「中國睡眠研究會」數據顯示，中國成年人失眠發生率高達 38.2％，意味著超過 3 億人是有睡眠障礙，而當中以 90 後（1990 ～ 1994 年出生）、95 後（1995 ～ 1999 年出生）、00 後（2000 ～ 2004 年出生）的年輕人睡眠問題最為嚴重。既然人一生有三分之一的時間都是在睡眠中度過，我們怎能無視它呢？

「睡眠經濟」是指睡眠品質差或失眠等有睡眠障礙的人群所造就的需求經濟。在中國，年輕族群愈來愈關注睡眠健康的問題，而衍生出的睡眠經濟產業，其市場規模預計到 2030 年會突破萬億元。這片藍海近年已吸引不少創投公司研發助眠食品和高科技產品，去解決睡眠品質差的問題，甚至催生出新興行業去滿足市場需求。

科技進步致失眠年輕化

多數人遇到的睡眠障礙，包括失眠、多夢易醒、入睡困難和睡眠品質差等問題，根據《2021 年中國睡眠經濟發展挑戰及趨勢分析》調查，生活與工作壓力是導致中國人民睡眠問題的主因，分別占 57.05％和 55.92％，但其他心理和情緒因素、健康問題、生活習慣等同樣影響著人們睡眠健康。

科技的進步為生活帶來方便，但同時也使我們的生活空間被工作所擠壓，「Whatsapp」、「IG（Instagram）」、臉書、微信等社交媒體的普及化加速了工作節奏，在現今講求效率多於人情味的社會，科技在某程度上令工作和生活的界限變得模糊，變相剝奪了應有的生活自由和空閒，令累積的精神壓力無法適度抒發，繼而造成一連串的睡眠障礙。

　　除了壓力帶來「睡不著」的問題，報復性熬夜的「不想睡」，也是睡眠時數不足的一大原因。阿里健康發布的《睡不著報告》顯示，中國失眠問題近年加劇年輕化，其中有6成以上為90後、00後，更有3成失眠者為放下手機才能睡的「假性失眠」人群。第一財經商業資料中心（CBNData）調查研究數據亦表明，超過7成中國人在午夜12點後才入睡，其中95後在12點後入睡人群占比高於整體人群，是因養成熬夜習慣而影響到睡眠品質的「主力族群」。

　　為什麼年輕人會「主動熬夜」呢？除了部分是工作加班的原因，或多或少是白天碰到太多的工作、生活或學習壓力，在明知熬夜會傷身的情況下，都寧願在晚上拿回生活的主導權，透過晚上的活動去找回自我。尤其是網路的

普及亦誘導著愈來愈多人成為「夜貓子」，通宵打手機、追劇已成為都市人的新常態。事實上，電子產品的螢幕亮度會使大腦保持清醒狀態，腦中充斥著活躍的訊息都很可能妨礙睡眠，導致愈夜愈有精神、愈夜愈興奮的現象。

有不少年輕人都有吃宵夜的習慣，這也大大程度影響了睡眠品質。由於睡前飲食會影響腸胃消化、激素分泌等身體機能，過於刺激或不規律的飲食習慣極易影響夜間睡眠品質，如果期間再喝咖啡或茶等含有咖啡因的飲品，都會使大腦更興奮而擾亂作息。

再來的便是新冠疫情所帶來的影響。近年英文出現「COVID-19 sleep regression」一詞，意思是在「新冠疫情期間，所引發的睡眠問題」。它不是指染病所造成的影響，而是「疫情期間因為長期待在家」所引發的睡眠倒退。這現象無論是長期在家工作的成人或是在家學習的孩童都有可能發生，當中孩童更會出現頻繁夜醒、因惡夢驚醒等狀況。

睡眠不佳所帶來的負面影響不僅在晚上，所衍生的「二次傷害」也會嚴重衝擊日間的生活模式。你不但會出現長期打瞌睡的恍惚狀態，還會在容貌、身體、工作、生活等各方面帶來消極影響，如何解決睡眠問題已成為都市人改

善健康的當務之急。

《中國製造 2025》鼓勵睡眠產品創新

養成良好的生活習慣及安排舒適的睡眠環境，都是帶來良好睡眠的必要因素。較傳統的方法是透過泡腳、泡澡、聽音樂進行睡前舒壓，亦有人會透過運動保持規律作息。《2020 年中國年輕人睡眠報告》顯示，年輕的在職媽媽與 00 後年齡層都會選擇使用穿戴設備、助眠枕頭、養生足浴盆等產品幫助自己入睡，當中以選擇穿戴式設備的年輕人最多，超過 35％的年輕媽媽與超過 37％的 00 後年齡層透過借助這類產品入睡。另外也有接近 30％的年輕媽媽與超過 25％的 00 後年齡層選擇透過助眠枕頭與養生足浴盆助眠。

由此可見，整體知識水準和生活質素的上升，正刺激年輕族群更早注重個人健康，願意花錢購買助眠食品和產品。《2021 年中國睡眠經濟發展挑戰及趨勢分析》亦提到，購買過助眠產品的人當中，22 至 40 歲年齡層占比為 84.3％；而購買過睡眠保健品的人當中，26 至 40 歲年齡層占比則為 66.3％，預計未來睡眠經濟的消費主體將繼續呈現年輕化趨勢。

眾多助眠食品中，含有「γ-胺基丁酸（Gama-aminobutyric acid，以下簡稱 GABA）」的產品成為近年改善睡眠健康的熱門之選。GABA 是存在人類大腦中的一種胺基酸，是神經系統中重要的抑制性神經傳導物質。適當補充 GABA 能有助緩解精神壓力、調節情緒、改善睡眠。由 2016 年開始，愈來愈多食品企業都推出了助眠功能的飲品，而其中都含有 GABA 成分。例如 2019 年，中國旺旺及蒙牛都推出助眠飲品，分別名為「夢夢水」和「晚上好」，兩者同樣是以 GABA 作為賣點。

科技是一塊雙面刃，過量使用智慧型手機會導致失眠，但正確發展卻能帶來優化的睡眠品質。《中國製造 2025》明確指出「智慧製造是新一輪科技革命的核心，也是製造業數字化、網路化、智慧化的主攻方向。」配合到睡眠經濟發展之上，有助推進睡眠產品科技應用的改革，提高產品品質和體驗，是睡眠經濟市場、產品成熟發展的重要助力，一群「黑科技」助眠產品更深得市場喜愛。

第一財經商業資料中心的消費大數據顯示，近年線上枕頭購買頻率顯著上升，消費者平均一年半就會換兩個枕頭。保護頸椎、助眠效果、枕頭的高低、材質的軟硬程度等都是消費者購買枕頭時關注的重點。

根據淘寶數據顯示，睡眠噴霧、保健枕頭、蒸汽眼罩是淘寶近年最受歡迎的三大助眠神器，除了傳統助眠產品，睡眠需求的爆發也帶動了細分市場的崛起，諸如智慧睡眠儀、抗菌防蟎被、玻尿酸美顏枕等各種睡眠「黑科技」的湧現，也大大拓展了「睡眠經濟」背後的想像力。

　　在智慧化時代的浪潮下，智慧床品逐漸受消費者青睞，例如夢百合推出的「0壓系列」智慧寢具，能夠實現無感化的即時睡眠監測；智慧床則具有遙控功能，可以自由升降調節睡眠姿勢，提供各種睡眠生活模式滿足不同人士的需要。寢具以外的智慧產品還包括：按摩儀和助眠儀等，當中睡眠儀發展潛力顯著，尤其受70後消費者偏好；而年輕一代則偏好使用智慧穿戴產品監測輔助睡眠。

　　正如阿里巴巴副總裁劉松所言，睡眠技術可能是繼智慧型手機後大家一直在尋找的下一個最大智慧硬體風口，「睡眠這件事，原來是一個低頻、無感、低連接的狀態，但現在由於有一套技術體系，開啟了一個幾乎是無限的未來。」

入行門檻很低的「哄睡師」應運而生

睡眠經濟除激發各種助眠食品和科技產品面世外，也造就一個新興職業的誕生，即「哄睡師」。

哄睡師的工作也不算複雜，基本上就是與用戶聊天，哄對方睡覺。入行門檻非常低，只要音色動人，女聲要夠溫柔，男聲要夠「暖」，無論男女都可以入行。而根據用戶評分，哄睡師也有晉升階梯，由普通、中級到首席的等級，如果愈多顧客指定要其哄睡，並給予愈多正評，哄睡師的收費自然可以更高。

哄睡師的聲音是非常重要，因為讓人感覺舒服的音色，往往會讓大腦得到放鬆，同時因為與哄睡師互不認識，用戶可更願意放下戒心去傾訴工作、生活的壓力與不滿，令壓抑已久的情緒得以徹底宣洩。

由於哄睡師無須全職投入，本身可以是上班族，也可以是學生，因此可以兼職投身業界，這項優勢亦吸引了不少素人加入，令近年哄睡師行業加速擴展。

中國市面充斥不少助眠、睡眠監測相關的電商應用軟體，部分應用程式就內置了哄睡師業務，可供失眠的用戶線上選擇服務的哄睡師。如果你在淘寶、閒魚等電商平臺上搜索「哄睡」一詞，也會找到哄睡相關服務，而哄睡服務的價格差距大，普通哄睡師每小時收費約 50 元，而首席哄睡師則高達每小時 300 元。

用戶在下單哄睡服務後，應用程式就會根據提供的訊息，包括用戶性別、興趣愛好等，去匹配到同樣興趣愛好相近的哄睡師為其服務，據了解，如無特殊要求的話，為用戶提供服務的哄睡師一般都會是異性。

　　萬一你在進行第一次哄睡服務後沒有明顯效果，亦能申請售後服務，由另一位哄睡師免費再提供一次相關服務。如果哄睡師提供的助眠效果理想，用戶還可以選擇包月，首席哄睡師的包月費用甚至可以高達 2、3 萬元！

中國文玩電商疫境成長，
小眾生意演化成大市場

近年中國「國潮」盛行，愈來愈多年輕人加強了文化認同感，追逐本土品牌、傳統文化已成為潮流，中國品牌、中國文化和中國科技的全面崛起，帶動傳統文玩在線上市場需求全面爆發。以往傳統文玩都被貼上「老人玩意」的標籤，令文玩產業只能處於小眾領域而未能全面普及，但電商的興起正好成為打開狹窄市場通道的契機，讓普羅大眾和有志投身該行業的人士，以較低門檻去接觸和參與。

透過跨界智慧財產權（intellectual property right，縮寫為 IP；以下簡稱智財權）聯動，其他領域的用戶都被引流進入文玩市場，注入更多流量後，不但提高了文玩用戶的社會知名度，更吸引更多潛在用戶，促使他們從純粹參觀轉向至產品消費，擴展文玩電商市場的盈利管道。根據《2021 文玩電商行業洞察報告》，2020 年中國文玩電商市場交易規模高達 900 億元，年增長率為 67.4％，是疫情下仍然增長迅速的產業之一。隨著居民可支配收入的提升、新中產消費群的崛起及文玩電商滲透率的提高，預計 2025 年的市場交易規模將超過 4,000 億元。展望未來會有更多現代潮流元素，融合到文玩產品進行創新，這將有利進一

步打破文玩產品令人感覺「老舊」的印象。

疫情促使實體店沒落，造就電商產業爆發

2010 至 2013 年間，線上文玩行業尚處於萌芽階段，這段時期淘寶首頁導航新增了「拍賣」頻道，試水線上拍賣交易。2014 至 2017 間，整體文玩電商還未成形，商業模式仍處於摸索階段，但在 2014 年，基於微信生態為微商開放微店的「微拍堂」成立，是文玩電商初露曙光的關鍵點。2018 年，多個文玩電商平臺包括「玩物得志」和「天天鑑寶」都相繼成立，逐漸形成結合直播和鑑定的商業模式，而 2019 年底爆發的新冠疫情，更加速了文玩電商產業的成長。

以往文玩產業都局限於實體店市場，和大部分實體店所遇到的處境雷同，文玩實體店所花費的成本，例如店舖租金、水電瓦斯費用等都是必不可少，這類重資產生意受疫情打擊的負面影響更是首當其衝。文玩性質上本已是小眾，以開實體店方式去開拓古玩客戶，成本無疑只會愈來愈高，效果亦只會愈來愈差。要避免將資金投入到這些非必要的環節，不少文玩實體店都選擇關門大吉，轉型做輕資產的文玩電商進行直播拍賣。

「文玩」與「古玩」有何分別？

收藏文玩大致可分成三個層面，分別是國家收藏、民間收藏和文人收藏，其中應以文人收藏最能揭示其收藏的真正意義。

文玩主要是指文房四寶及其衍生出來的各種文房器玩。筆、墨、紙、硯是最基本的文房用具，而與其相配套的各種文具，就有筆架、筆洗、墨牀、硯滴、水呈、臂擱、鎮紙、印盒、印章、筆筒等。廣義上，可以放在書桌上把玩的玩意都可稱為文玩，手串、念珠、雕刻件、紫砂壺、香爐、扇子、煙斗等，都屬於文玩的範疇。文玩造型各異，雕琢精細，可用可賞，稱得上是書房裡、書案上陳設的工藝美術品。

由唐宋時代開始，文人、士大夫集團逐漸形成，傳統書畫藝術的發展更趨完善，文房四寶亦開始有了真正的價值和地位，而文玩就成為文人學士乃至帝王官宦書檯不可或缺的器具。

作為放在書桌的玩意，輕巧細小自然是文玩的特點，一般大不盈尺，小不足寸，既可供設於案上，又可把玩於掌中，可遠觀，亦可近取。現代意義上的文玩可理解為帶有傳統文化氣息的賞玩件或古玩。一件好的文玩，必須是一種精神的物化承載，經由歲月的洗禮，與主人息息相通，涵養身性的同時，也彰顯主人的文化品味。

至於我們較常聽到的「古玩」，又叫「文物」，最初只是特指古老器具中有特定價值的收藏品，它們往往被視為人類文明和歷史的縮影，是融合了歷史學、方志學、金石學、博物學、鑑定學及科技史學等知識內涵。

　　古玩作為一種商品，除了代表某個年代的時代印記外，亦包含了當時的文化和品味，具有一定藝術性。

　　「古玩」大約在清朝中早期流行，原因或許與清朝乾隆皇帝愛好這類文物有關係，因此成為當時的潮流。現在習慣上的「古玩」已經擴大了範疇，青銅器、瓷器、玉器、字畫、古籍、竹刻牙雕、文房四寶、錢幣等都包括在內，所以定義上，「文玩」算是「古玩」中的其中一門。

疫情期間人民留在家中的時間增多，文玩直播帶貨因而火紅起來，在線上不斷向線下滲透的**趨勢**下，直播成為了文玩賽道火爆的催化劑，刺激用戶的快速增長，從 2020 年初的 394.4 萬人，增加到 2021 年初的 1,087.6 萬人。

電商平臺出招解決傳統交易問題

　　透過更低成本，文玩電商利用抖音和快手等社交媒體，或入駐微拍堂之類的文玩電商平臺去開播有關文玩線上拍賣的內容，吸引目標客戶關注，從而成為自己的粉絲，再成為自己的顧客。未來最值錢的不是文玩本身，而是文玩相關消費數據，例如用戶資訊、會員數量、粉絲習慣等，只要誰掌握了大量文玩消費數據，誰就掌握了市場的主動權。

　　一直以來傳統文玩交易都有定價模糊、交易鏈冗長（一般交易過程須經過製造商、批發市場、古玩城、拍賣行等環節）、資訊不對稱、交易成本高等問題，而文玩電商直播始終是新興行業，較為成熟的發展也不過是近三年的事，期間亦出現過不少文玩主播素質參差不齊的情況，例如虛假鑑定、虛高價格、製假售假等。

　　但經過不斷的策略和方針調整，現在「直播＋鑑定」

的營運模式已成為文玩電商的一把尖刀，透過直播可以全方位和即時展示商品並進行拍賣，讓商家和用戶之間提供一個可以看見和互動的窗口，讓拍賣有了場景，提升了交易效率。

至於針對文玩交易不時出現的假貨的問題，商家在文玩電商平臺出售商品時需先寄給平臺，由平臺方的文玩鑑定師鑑定後才可出售給客戶，將劣質交易出現的可能性大大減低。

掀起「直播拍賣」熱潮的三巨頭

中國最具人氣的文玩電商平臺主要有三個，分別是「微拍堂」、「玩物得志」和「天天鑑寶」，究竟它們各自用上什麼營運方針去取得業界的成功呢？

· 「微拍堂」是文玩電商的先驅，並為行業提供了大量有價值的探索和實踐，包括：首創「直播拍賣＋免費鑑寶」的銷售模式，為用戶提供全新購物體驗，而這亦成其他後來者效法的對象；此外，在鑑定數字化方面推出「有證鏈」電子防偽證書，提高商品的可溯源性、品質可信度，解決以往文玩行業為人詬病的假貨問題。2016 年，微拍堂更獲得騰訊 A 輪融資，加入騰訊眾創空間「雙百計畫」，

共享騰訊百億流量支持。如今累計用戶超 7,000 萬，入駐商家超 30 萬，拍賣品類涵蓋玉翠珠寶、紫砂陶瓷、書畫篆刻、茶酒滋補等七大品類。

．「玩物得志」涵蓋文玩工藝品交易、專家在線鑑寶和國風生活社區，核心服務為直播、拍賣和一口價成交，在行業內採用「先鑑別，後發貨」模式的文玩交易全程商品鑑別服務，為消費者提供安全、誠信、透明的消費環境，並為平臺主播及商家提供直播培訓服務。目前，玩物得志應用程式覆蓋玉翠珠寶、木雕盤玩、紫砂陶瓷等八大品類，累積擁有 4,200 萬精準文玩用戶，2020 年全年平臺交易額已突破 100 億元。

．「天天鑑寶」則以「工具＋內容＋服務」的形式切入文玩藝術品市場，提供珠寶玉石、文玩古物、名錶奢侈品等免費在線直播鑑定，從性價比、保值率、稀有度、工藝等四大角度進行評估，形成數字化的鑑定報告，主打功能有：專家即時連線影片免費鑑定、標準化檢測評估與智慧報價等。透過剪輯大量偏娛樂性的鑑寶影片，分發至不同的內容平臺，天天鑑寶以此為應用程式引流，目前已形成「內容＋社區」的主要運營模式。

專業主播和鑑定師不可或缺

一群文玩電商平臺能否在激烈市場競爭脫穎而出，其中一項關鍵取決於平臺能否匯聚到眾多經驗豐富的專業鑑定師。無論是文玩的圖文鑑定，還是直播連線現場鑑定，都需要鑑定師快速向消費者講解，並給出最專業可靠的意見。現在專業鑑定師已成為文玩行業相對短缺的資源，甚至影響著平臺能否獲得眾多消費者的信任及賣家的認可。

但作為文玩電商，即使有了完善的平臺環境作後盾，也需要有出色的主播作直播帶貨，才可以吸引足夠流量與眾多買家進行交易，形成源源不絕的盈利模式。人力資源和社會保障部聯合國家市場監管總局、國家統計局發布了9個新職業訊息，其中就將「直播銷售員」設為新型工種，間接反映「直播帶貨」在後疫情時代推動經濟復甦是何等重要。

要成為高人氣的文玩直播帶貨主播，對文玩知識和鑑定的專業能力當然不可或缺。但電商行業間的競爭已愈來愈激烈，主播單靠專業知識也未必能保證可帶來收入，只有同時培養好自身的帶貨能力，包括掌握相應的語言技巧、擁有正確的價值觀讓人信服、具備吸引人關注的才華等，才有機會在文玩直播這戰場上站穩一席地位。

虛擬偶像經濟的未來，取代真人偶像的革命

「追星」本身是一種人類情感投射、尋求自我認同的行為，和真人偶像一樣，虛擬偶像（Virtual Idol）都有類似作用，就是給予粉絲寄託某種特殊情感的載體。從粉絲角度，虛擬偶像的美好在於其虛擬屬性，能夠使粉絲從生活的瑣碎中進行抽離，安心沉醉於這個完美、不老的虛擬偶像身上。

虛擬偶像並不具備實體形式的軀體，它是透過繪畫、音樂、動畫、電腦繪圖等形式製作，透過網路等虛擬場景或現實場景進行演藝活動（例如唱歌、跳舞）與人互動。最為人熟悉的虛擬偶像必然是日本的「初音未來」，因為它是世界上第一個使用全像投影技術舉辦演唱會的虛擬偶像，亦是由它開始，正式在全球掀起虛擬偶像產業的革命。

近年在中國內地爆紅的虛擬偶像「洛天依」，其知名度之高更獲央視「邀請」，在 2021 年的春節聯歡晚會和真人歌手一同獻唱。海外較知名的則有由《英雄聯盟》推出、以 4 名女性角色組成的「K/DA」女團，它們憑著〈POP/STARS〉一曲在 YouTube 上獲得超過 4.5 億次的點擊率。

虛擬偶像比真人更受歡迎？

初音未來一類虛擬偶像，本身是由官方提供聲庫、初始形象和基本人設，但後續則主要靠民間的創作者們不斷補充，從喜好、音色、個性等進行二次創作，為虛擬偶像帶來源源不斷的生命力，塑造出粉絲們心中的完美偶像，屬於「去中心化」環境下所誕生出來的產物。

北京市文化創意產業研究中心主任郭萬超認為，「人們喜歡虛擬偶像是因為虛擬的東西更容易塑造，更容易滿足人們的文化消費心理，人們在現實世界找不到的東西可以在虛擬偶像身上尋找，滿足人的完美主義情結。」

相比起真人偶像高高在上、遙不可及的距離感，虛擬偶像反而為粉絲提供了陪伴感，並賦予粉絲更多參與的空間與選擇權，從而極大增強粉絲對偶像的情感歸屬與集體認同。虛擬偶像成功的核心原因，正是其「人物設定」可以根據市場需求作出更快速的反應，更加適應當代年輕人的需求。

這正好對應《報告》中網民喜歡虛擬偶像的理由，53.2%表示是出於其形象設計，50.5%是因為性格、定位等人物設定。虛擬偶像或許沒有成人的思想，但根據粉絲的集體意志需求所策劃的偶像形象，正好能最大程度地滿足粉絲的想像，這都有利於累積更龐大的粉絲群，繼而轉化成商業變現的流量。

社交分析平臺「HypeAuditor」的報告顯示，在 IG 上，美國粉絲會更積極的參與虛擬偶像發布的內容，其互動率約為真人偶像的 3 倍，核心粉絲群體為 18 至 24 歲的女性，反映在社交媒體的大背景下，虛擬偶像更受 Z 世代（1995 至 2009 年出生）等年輕人的關注。隨著 Z 世代陸續加入消費鏈，疊加網路和影像音頻技術的進步，虛擬偶像絕對是新經濟產業的重要寶藏之一。

網路科技巨頭加速布局虛擬偶像產業

艾媒諮詢公布的《2021 中國虛擬偶像行業發展及網民調查研究報告》（以下稱《報告》）指出，中國虛擬偶像產業已逐漸走入發展的高峰期。2020 年中國虛擬偶像核心產業規模為 34.6 億元，按年增長 70.3 ％，2021 年可達到 62.2 億元。

隨著商業價值被不斷發掘，愈來愈多企業都將其業務與虛擬偶像聯繫起來，當中所帶動的產業規模，預計就會由 2020 年的 645.6 億元，激增至 2021 年的 1074.9 億元。

為分這龐大市場的一杯羹，過去數年，騰訊和網易等中國網路科技巨頭已加速布局虛擬偶像產業，例如：騰訊遊戲推出「貂蟬偶像計畫」，並在《創造營》決賽中推出

《王者榮耀》的 4 個虛擬偶像；騰訊音樂娛樂亦與虛擬演出服務商「Wave」達成戰略合作並將對其進行股權形式投資，並共同為騰訊音樂（TME）旗下創新演出品牌「騰訊音樂超現場（TME Live）」開發高品質虛擬演唱會內容。

網易遊戲亦推出《陰陽師》「平安京偶像計畫」回擊騰訊；巨人網絡斥資 1 億元進軍虛擬偶像市場，並且打造了首位虛擬主播七瀨胡桃（Menhera Chan）；愛奇藝推出原創潮流虛擬偶像廠牌「RiCH BOOM」，並於內地熱播的綜藝節目《青春有你》、《中國新說唱》等頻頻曝光；樂華娛樂也推出女子虛擬偶像團體「A-SOUL」，出道僅數月粉絲數量已突破百萬人。

除了網路科技公司會在娛樂和遊戲領域上應用虛擬偶像外，愈來愈多公司品牌亦也會自創新的虛擬偶像智財權，使虛擬偶像成為品牌行銷發力的風口。舉例來說，屈臣氏推出人工智慧品牌代言人「屈臣曦」，與自家大數據系統融合，並為顧客提供專業和個性化的諮詢服務，這都在社交網路平臺上引起了不少關注。

更易轉化粉絲經濟形成流量

要設計一個虛擬偶像，最初必先定好明確的受眾群體

和主攻領域，因為網民會根據不同喜好劃分成不同的圈子或群組，所以無論是個體戶還是企業，大多會在特定圈子來發布虛擬偶像的內容作曝光宣傳，並透過各項公關手段和活動引發迴響。

當累積一定的關注和流量後，虛擬偶像智財權會開始進行商業化變現，並一步步形成以虛擬偶像智財權為核心的生態圈。虛擬偶像粉絲會喜愛同一虛擬偶像，是由於有共同的追求，這正好有利商業用途上準確將目標群眾從公域流量圈到一起，變成自己的私域流量，並透過在群內促進用戶活躍，完成更多的變現轉化。

和真人偶像雷同，虛擬偶像的商業變現主要有兩個途徑，一是從商業端（Business）透過品牌代言、聯動、宣傳合作上賺取收入，二是利用顧客端（Customers），例如遊戲、演唱會、周邊產品販賣等領域獲利。

但相較於傳統偶像經濟的「偶像—付費—粉絲」的單向發展模型，虛擬偶像更多了一層「內容生產」的部分，粉絲能夠即時參與虛擬偶像的形象塑造和養成，從中增強對虛擬偶像的情感歸屬和集體認同感，甚至可借助平臺和技術創作出自己的音樂作品，是一個雙向互動、自助成長的發展模式。

選擇虛擬偶像作代言的優勢

不管是真人明星還是虛擬偶像，消費者都會關心代言人和品牌、產品之間的連結程度和共鳴感，以及代言人本身的形象設定。站在企業品牌的角度，會選擇虛擬人物作為代言人的最大誘因，是它擁有比真人偶像更安全穩定的形象設定，更容易操作和控制，不存在形象崩壞的風險。

近年公眾對明星藝人的道德要求逐漸提高，目光都會聚焦在其日常舉動上，偶像在外界的形象和行為，都令背後的商業利益帶來很大的不確定性。就像 2021 年中國內地女星、「Prada」品牌代言人鄭爽的「代孕棄養風波」，因為形象跌落谷底及受到網民大大小小的評擊，結果令 Prada 都陷入輿論壓力和股價危機，最終被迫解除與鄭爽的合作關係。

另一方面，以真人偶像作為代言人的話，起碼要花數十萬甚至百萬的代言費，這也是不容小覷的開支。但使用虛擬偶像作代言人的話，就能省下不少開支。歸納以上因素，從形象、風險性、成本等考量來看，將虛擬偶像商業化變現的價值，明顯遠高於傳統的真人偶像。

虛擬偶像普及化的障壁

既然虛擬偶像擁有眾多優點，在市場需求層面上，真人偶像被取代是否為必然趨勢？這可從虛擬偶像先天的缺點去分析。

由於虛擬偶像是利用一堆程序設定，去表現出喜怒哀樂等情緒，和人類自然流露的情感相比，明顯是有一定的差距，這在一些商業活動上更會發現有些格格不入。例如，初音未來和洛天依都曾參加過中國電商平臺的直播活動，但與真人主播的反應靈活度相比，前者明顯互動性弱、無法即時回應觀眾的問題，而在帶貨環節也只能作出平實的商品講解，卻無法親自為商品作開箱測試，這和真人能夠現場試吃試喝的表現，虛擬偶像是無法比擬的，這種互動上的距離感或許會成為虛擬偶像完全走進大眾視野的最大障礙。

第二，虛擬偶像背後技術所涉及的技術，包含了人工智慧、擴增實境、虛擬實境和 5G 技術，但其研發成本的投入額度，是主導著能否發展出更符合「人性」的虛擬偶像。以中國內地虛擬偶像單曲製作為例，包括編曲、建模、形象設計、舞臺方案製定等，成本便高達 200 萬元，而且還未計算流量傳播等方面的費用。虛擬偶像初始養成階段

所需投入的成本，會比真人偶像來得更多，一旦投資後無法成功變現，所帶來的損失亦會令投資者卻步，這種風險亦令市場的資源投放上帶來不確性，影響虛擬偶像技術層面上的進化階梯。

更重要的是，比起真人偶像可以透過電影、電視劇、綜藝節目、歌曲等途徑去提高曝光率，來吸引流量繼而增強變現能力的全面性，虛擬偶像至今只有唱歌這一套本事去獲取新粉絲，尤其當每間公司都將虛擬偶像的人設塑造打造得千篇一律時，這都會造成粉絲流量的分流，且無法維持持久的曝光量，結果就直接影響了流量變現和內容變現能力，這一困局都是虛擬偶像產業發展必須跨越的障礙。

但無法否認的是，當科技愈來愈進步，真實與虛擬的界限都會顯得更加模糊，虛擬偶像若要成功，必須在「虛擬」和「偶像」兩者兼容性上作出平衡，並注入「人性」。虛擬偶像的背後，實質上也是以人為主的團隊，團隊如何去詮釋人性並結合技術和美感，也就決定了大眾能夠從虛擬偶像身上看到什麼、獲得多大的滿足感、認同感和吸引力，這亦主導著虛擬偶像能夠在文化和商業道路上走到多遠。

醫療物聯網成醫療產業大趨勢，普及關鍵在於安保強化

　　新冠疫情肆虐威脅著人類健康，同時亦加速了醫療科技發展的迫切性。在近年醫療環境愈趨嚴峻、醫護人員工作量及壓力超出負荷的背景下，如何能更有效與病人實施遠距檢測、減低被病毒感染的機會，並且自動化將病者資訊統一至雲端服務平臺進行進一步診治，已形成一股不能逆的潮流，這就是醫療物聯網（Internet of Medical Things，簡稱 IoMT）發展的大方向。

　　但中國信通院發布的《醫療物聯網安全研究報告》亦指出，有別於傳統的辦公室網路，醫療物聯網分布廣、廠商雜、難管理的特性，也帶來了更多風險和潛在安保問題，物聯網的設備、網路、應用所面臨的安全挑戰，將是這項技術能否普及化的焦點所在。

　　醫療物聯網的概念源自於物聯網技術，即是透過感知設備，按照約定協議，連接物、人、系統和訊息資源，實現對物理和虛擬世界的資訊進行處理並作出反應的智慧服務系統。隨著網路醫療設備數量的增加，支持醫療級別數據的採集和傳輸、網路技術、服務系統及軟體的進步，醫

療物聯網亦應運而生。

　　醫療物聯網綜合了遠距醫療、網際網路、物聯網、自動控制、人工智慧等技術，協助醫療機構全方位的營運和管理，是有效提高醫療品質、降低醫療失誤、提升病人服務水準、加強整體營運效率的綜合系統。

　　以遠距醫療為例，患有流感的病人可透過視訊與醫生交談，而不會將細菌帶進診所，減低細菌在外散播的機會；免疫功能較差的病無須出門都可進行例行檢查，結果醫生可更有效保護自己避免感染，同時又能提供指導並監控病人病情進展。以下從醫務人員、病人、醫療機構及公共衛生四方面去了解醫療物聯網的整體優勢。

即時追蹤病人狀態，優化生命安全保障

　　透過行動智慧終端結合無線通訊技術的應用，醫護人員可以在病房獲得病人入院訊息、身體特徵訊息、手術資料、檢查資料等更準確的即時數據，提高查房效率和品質。例如每個病人的輸液狀態，都能透過無線傳輸即時傳送到護士服務臺的顯示螢幕，護士就可即時監控病人輸液進度；當液位較低臨近更換輸液瓶時，顯示螢幕便會語音提醒護士前去更換或停止輸液，讓醫護人員能夠掌控病人的情況，

這就是智慧臨床邁向智慧化轉型的基本場景。

對一些特殊或重症病人，醫院可提供的智慧服務包括院內導航、人員定位和報警求助等。透過病人穿戴的智慧手環，就可從智慧監控系統即時查看病人的行走路線和位置，一旦他們走出限定區域就會發出警告訊號，通知醫護人員即時協助將他送往安全區域，防止發生意外。萬一病人在病床以外地方因身體不適急需求助時，都可以透過智慧穿戴設備進行通知，讓醫護人員可以快速定位，保障病人的生命安全。

近年中國內地醫院規模呈現快速擴張的趨勢，旗下所管理的資產數量和種類也呈現爆發式增長，傳統的資產管理手段已不能滿足醫院管理需求。因此，物聯網技術的智慧管理模式正好大大地提高醫院資產管理水準，例如利用無線射頻辨識技術（RFID）在購入設備資產時進行入帳，再由無線網路（Wi-Fi）傳遞給資產綜合管理平臺，在資產分配使用、變更、回收、報廢等整個生命週期都可進行追蹤管理，滿足醫院業務快速增長的管理需要。

同時，醫療物聯網有助打破各科室間容易造成資訊封閉的局面，讓醫院能夠進行綜合數據採集，利用大數據分析提升整個醫療機構的效能和精細化管理，從而提高整體

的資訊化水準和診療服務能力。

　　公共衛生服務方面，要解決人口數量眾多導致健康篩檢無法及時覆蓋所有區域的問題，在醫療物聯網領域中，可利用 5G 技術傳輸在家中完成健康篩檢。只要在家中將身高、體重、脂肪率、血壓、心電等健康參數檢測數據，透過 5G 網路傳輸給醫療機構的後臺分析系統，以中央處理形式統一對檢查結果進行評估、分析和建議，就能令基層醫療人員的工作程序更加優化和簡便。如果將近年的社區全民新冠病毒檢測套用其中，市民亦能更加方便和安全去完成社區性的公共衛生事件。

完善醫療物聯網體系建設，提升產業深度合作

　　然而，醫療物聯網安全升級不是單一單位可以解決，而是需要從設備自身、軟體開發設計、數據安全管控、安全營運等多方面綜合考量。所以從事物聯網技術研發的科研部門、網路安全廠商、醫療機構三者都要加強深度合作及技術交流，防止醫療健康數據丟失及非法竊取等網路安全防護意識層面達到高度一致的基礎上，制定有關安全技術的統一驗證及實施標準，培養具備網路安全意識的醫療機構資訊化從業人員，從而確保安全技術產業化，滿足醫

療機構對於醫療物聯網網路安全日益增長的需求。

醫療物聯網設備供應商應繼續加大投入近距離無線通訊、數據儲存、數據挖掘、雲計算等物聯網關鍵技術的研究，以及增加大型醫療設備的研發投入；同時讓網路安全廠商將已有的網路安全技術與醫療領域相結合，用網路安全技術為醫療物聯網授權賦能，將醫療物聯網設備在產品開發中納入安全性並進行測試，確保滿足所有法律法規的安全性要求，進一步完善醫療物聯網安全體系架構。

醫療機構的資訊科技管理部門亦可應對醫療設備上傳的數據進行監測分析，對各類醫療物聯網設備向外網發送的數據進行統一採集，利用大數據分析技術和人工智慧技術進行建模分析，對醫療物聯網設備的數據外發時間、目的地址、數據包、頻率等建立行為基線，及時發現非常見用戶訪問、非常見地址外發、非常見時段外發、非常見數據包外發等風險行為，對非法外發敏感數據及時發現和阻斷，並確保不包含病人診療數據和個人隱私數據。

完善醫療物聯網安全防護體系醫療機構智慧發展是必然趨勢，各種新興技術發展促使醫療機構的業務快速變化，《醫療物聯網安全研究報告》就提到，從宏觀層面來看，醫療物聯網安全體系建設應由針對安全風險，轉變為針對安

全能力。

　　例如在醫療物聯網設備註冊審批階段方面，要根據國內外的強制標準，由政府公共安全管理部門進行評估，對物理安全、數據安全、通訊安全、開發安全、軟體安全等技術環節加強資安的控管，確保醫療物聯網在感知層就建立安全能力。

　　政府應鼓勵網路安全廠商擴展醫療物聯網設備安全評估服務，包含對大型醫療設備的漏洞檢測、可信入網控制、違規外連審計、非法外發數據防護等。網路安全廠商應加強統籌和營運，要投入足夠的人員、資金資源成立專業的安全評估團隊，為醫療物聯網設備供應商和醫療機構提供專業的資訊安全服務，保障醫療設備的安全運行。

　　透過內外部共同合作，網路安全廠商和醫療機構可培養一批具備實戰能力的高水準安全人才，提升檢測能力、響應和處理能力、防禦能力及密碼技術，以因應不斷變化的網路安全風險，加快推進醫療物聯網安全體系普及化，實現醫療物聯網安全自主可控的目標。

互聯互通易使病人資料被洩露嗎？

　　基於物聯網互聯互通的特點，這亦增加了醫療機構受到網路攻擊而引發資料外洩的情況。醫療物聯網是由醫療設備和物聯網設備組成，醫療設備包含 X 光機等大型醫療儀器；物聯網設備包含傳感器、網路攝影機和無線射頻辨識等，主要功能是進行資訊採集、識別和控制。但無論是醫療設備還是物聯網設備，由於投入使用週期較長，加上建設時堅持業務先行的原則，導致設備面臨操作系統老舊、分布區域廣泛、長期無人關注等安全問題，結果很容易受到惡意攻擊，進而導致醫療機構業務終端和數據洩露的情況。

　　醫療物聯網中的大型醫療設備會通過遠距連接到外部營運廠商的雲端，一般情況下醫院需要提供 3 個內網 IP 地址給醫療物聯網設備的外部營運廠商，理論上只要透過外網就可和內網所有網路進行連結通訊。不過，萬一境外部營運廠商的雲端平臺遭受外部駭客攻擊或內部洩密的話，由於互聯互通的網路系統機制，醫院的病人數據很可能因此而間接洩露出去。

　　另一方面，醫療物聯網操作系統的版本眾多，包括「Android」、「Linux」、「嵌入式 Windows」等，但由於設備供應商重功能輕安全的商業理念，導致醫療設備無法擁有完善的安全防護能力，使得醫療設備容易遭到

攻擊。此外，許多醫療物聯網設備因為未有進行更新和漏洞修復，甚至為了便利操作直接使用弱密碼，結果就容易被入侵和仿冒。例如：門診的自助掛號機承載了掛號、繳費等核心業務，只要透過插拔網線就能竊取病人的個資和繳費訊息。

\ 5G 生活無處不在，覆蓋各行各業 /

5G 是第五代移動通訊技術，現在全球 5G 網路的建設已進入全面推廣的階段，它將帶來更快的網路速度和更低的延遲性，並會推動眾多新科技的發展，例如自駕車、虛擬現實、智慧家居等。最後就精選一些 5G 案例在不同行業的發展情況，以供讀者參考。

・案例 1：5G 智慧醫院，提高急症病人生存率

泰國的人口老化問題，令醫療系統承受巨大壓力；尤其在農村地區，因為醫療資源分布不均，每 1 萬人中只有不到 2 名醫生。在緊急情況下，有三分之一的病危者甚至在前往醫院途中死於救護車內。為改善醫療系統效率，泰國公立西里拉醫院（Siriraj Hospital）引入了 5G 技術，提高了急症病人的生存率。

管理諮詢公司香港商翌成投資諮詢（YCP Solidiance）的數據顯示，隨著老年人口及慢性疾病患病率增加，泰國的家庭醫療保健總支出已由 2015 年的 3,590 億泰銖（約 827 億港元），增長至 2019 年的 4,360 億泰銖（約 1,004 億港元）。不過，泰國每 1,000 人只擁有 2.1 張病床，而全

球平均水準為 2.7 張，反映當地沒有足夠醫院來滿足人口健康需求。

由於醫療資源無法滿足病人需求，當地的急救死亡率亦相當高，高達三分之一的病危者會在前往醫院途中死於救護車內。為解決泰國醫療系統的痛點，西里拉醫院與通訊設備製造商華為及行動通訊營運商真實（True）合作，布署了「5G 智慧醫院項目」。

藉 5G 高畫質鏡頭，傳送病人即時訊息

透過獨立的 5G 網路和邊緣運算（Edge computing）技術，救護車內的醫護人員可於病人送往醫院期間，使用車內的 5G 高畫質鏡頭等設備，將病人的即時訊息，包括生命徵象和醫療紀錄等，以影片或圖像形式，傳送給醫院的醫務人員，為病人提供更可靠的即時治療和準備。

西里拉醫院院長費茲・范芬尼（Visit Vamvanij）表示，自布署 5G 技術以來，急症患者的存活率已大幅提升。他指出：「節省時間就是挽救生命，當病人一到達醫院，每位醫護人員都已做好充足的準備工夫，知道該怎麼做才可作出最佳治療。」

醫院內的 5G 連接還為急診室提供了先進的系統，可以

在必要時密切監控住院患者的狀況並提醒醫生。費茲・范芬尼指出，醫院的「智慧急診室」設有 5G 醫療推車，醫護人員可透過它安排行動巡房、診療諮詢和檢查病人等工作。

替病人遠距看診，持續監測健康數據

治療效果方面，引入 5G 也加強了人工智慧的應用。西里拉醫院附屬醫學院院長帕拉錫・瓦塔納曼（Prasit Watanapa）博士表示，如今在人工智慧協助下，每個病例的病理診斷結果所需時間，已由 15 分鐘大幅減至 25 秒。他補充：「高速的 5G 連接可透過即時的高畫質擴增實境顯示器，對遠距手術提供指導。當病人出院後，也可利用 5G 為他們進行遠距看診。」

對於患有糖尿病等慢性病的患者，亦可從醫療數位化中受惠。例如病人佩戴智慧手錶等可穿戴設備後，就可收集其健康數據，然後透過 5G 連接和人工智惠系統，將數據上傳至雲端，讓醫護人員進行持續性的監測和評估。

由於西里拉醫院是採用公私混合的 5G 網路，所以醫護人員也能透過 5G 直接存取現場數據中心，而不會將潛在的敏感數據流量洩露於公共網路。帕拉錫・瓦塔納曼博士認為，在 5G 的幫助下，雲端運算使資訊存儲和共享變得

更容易；大數據則能幫助醫生和管理層作出更好的決策；而人工智慧則提高了醫學影像的速度、效率和精度。

現在西里拉醫院正試用 5G 無人駕駛車支援物流工作，包括將藥品和醫療設備從製藥部門運送到其他醫院大樓。真實公司表示，5G 結合邊緣運算能為車輛進行更安全、低延遲的監控，未來也會增加 5G 攜帶方便醫療箱和智慧病床等應用的試點。

‧案例 2：5G 包裝工廠，鏡頭檢測印刷品質

疫情下，各行業都飽受成本價格上漲及勞動力不足壓力，這在製造業也不例外。5G 應用不但有助企業紓緩這些難題，提升營運效率之餘，也能降低生產成本。中國包裝製造商「Hotel Star」近年就在旗下工廠引入 5G 技術，改善工業製造的流程，且獲得顯著的成效。

近年愈來愈多工廠採用數位技術，將產品的製作流程推向更自動化，例如利用軟體自動監控運送貨物的車輛和機械設備、收集即時的生產數據來進行品質監控等，以提升生產效能，提高客戶滿意度及增加收入。

但要使用這些技術，前提是需要靈活可靠的網路連接作配套，以確保即時監控工廠內不同位置機器的運行狀態，

惟無線網路就無法做到這效果。為實現這一目標，Hotel Star 便與中國移動及中興通訊合作，採用「NodeEngine Pro 解決方案」，將其傳統的無線網路替換為私人 5G 網路，並把網路、雲端和應用一體化至基地臺當中。

提高數據採集效率，減少布線及維護成本

5G 具有高速度、低延遲、多連結的三大特性，因此可連結工廠內各種設備，並進行各種高端應用，包括自動導引搬運車（Automated Guided Vehicle，簡稱 AGV）、數據採集、智慧安全防護和圖像識別等。透過將其網路與雲端上的大數據平臺進行互聯，讓大量數據即時傳輸至本地數據中心，不但可提高數據採集效率，也能減少配線和維護成本。

中國移動指出，5G 網路所需的線纜比無線網路更少，所以可以實現快速靈活的布署，並且更易於維護，同時也比無線網路更穩定可靠。例如，工廠的企業資源規劃（ERP）和倉儲管理系統（WMS）的工作排序流程，都可即時傳送到自動導引搬運車上，讓包裝紙箱快速運送，以更高效的方式精確管理逾 3,000 個貨物存儲架。

在 5G 協助下，Hotel Star 的工廠亦設置了檢測鏡頭，自動檢測包裝盒的印刷品質，其機器視覺品質檢測的準確

率更高達 97％。透過以機器代替人眼，除能有效提高準確度，也能釋放更多人力專注於更多創造性的工作。

Hotel Star 還布署了一個自助服務門戶（Self-service Portal），讓管理人員能夠根據特定的生產計畫進行視覺化及重新配置的工廠營運模式，帶來更精準的資源控制，降低維護成本。

創建虛擬圍欄，增強安全度

數據更顯示，自 5G 升級後，工廠的設備利用率提升逾 20％，倉儲管理效率提升 50％，質檢效率提升 80％。而隨著數據輸入等人手操作減少，Hotel Star 預計還能將勞動力成本降低 30％，以及整體生產成本下降 20％。

此外，5G 同樣提升了工廠的安全度。以往只是靠員工自己執行各種安全規則，但這種方法的效率卻很低。如今可透過在工廠頂部設置高空監控鏡頭，利用 5G 創建虛擬圍欄，即時監測室內環境的整體狀況。例如當有物體或人員誤入高風險區域時就會發出警報，又或設定當有異物突破虛擬圍欄時，可自動停止生產機器運作等，這都大大加強了工廠的安全性。

·案例 3：5G 智慧採煤，降礦場工作風險

在辦公室安穩上班，是大部分城市人的工作模式，但也有很多行業類別的工作環境，每分每秒都存在性命風險，例如煤礦開採和出海捕魚。為加強這些行業的職業安全，有中國企業利用最新的 5G 網路解決方案，布署智慧採煤及數位捕魚系統，協助降低工作風險，甚至提升盈利能力。

安全生產是煤礦開採的首要任務，但礦場的環境危機四伏，例如煤礦瓦斯、灰塵、粉塵濃度過高；地下礦井的水浸和滲漏危機，而且工時也普遍過長。為保障工人的安全和健康，建立「智慧採煤」可取代部分以往由人力完成的工作，包括派遣 5G 機械人深入礦井檢測，並利用人工智慧作井下影像監控和分析。

不過，以上技術需要持續傳輸高分辨率影像，這無法在無線網路和 4G 網路下進行；即使是傳統的 5G 私人網路，由於屬於單頻（Single Frequency），這在地形複雜的礦場，是很容易出現訊號盲點，且建設基地臺成本也較高，結果也是難以全面覆蓋 5G 網路。

機械人取代人手，減少資源成本

為解決以上難題，中煤集團與中國移動合作，為旗下

的大海則（Dahaize）煤礦布署新的「5G 700MHz＋2.6GHz 集成網路」解決方案，讓 5G 網路從地上到地下、全面覆蓋煤礦現場，實現智慧採煤的項目。

相較於傳統 5G 網路，新方案的延時性降低了 35％，穩定性亦提高 45％，而 5G 建設成本則降低 40％以上。當 5G 700MHz 基地臺的邊緣上行吞吐量（Edge Uplink Throughput）每一用戶逾 10M 時，其覆蓋範圍也能達到 1,600 至 1,800 米，是傳統基地臺的 4 至 6 倍。

中煤集團表示，智慧採煤項目擁有 15 個 5G 機械人，這團隊負責監控 12 個智慧檢測和採集子系統，以及處理 20 個無人崗位，從而減少招聘 90 名員工，同時每年的煤炭成本每噸減少 12 元，每年的人工成本減少 2,000 萬元（約 2,290 港元）。

直播賣魚，半年賺 4 億

至於漁業同樣屬於高危行業，是因為漁船出海遠離陸地後，船上通訊設備的訊號覆蓋率一般都很差，漁民往往無法獲取即時的天氣消息，亦難以與外界聯絡，結果他們只能在不確定的大海環境中捕魚。

在廣東陽江市外的 459 公里的海岸線上，就有多達

6,000 艘漁船在這高風險環境中工作。為讓漁民可以安全出海，陽江市政府與中國聯通合作，採用電訊設備商華為的「5G MetaAAU」系統，將 5G 網路覆蓋至陽江市海岸，船上的漁民不但可透過智慧型手機接收新聞和天氣預報，即使在海上也能與家人視訊通話，通報平安。

利用沿海的 5G 網路、全球定位系統和北斗定位系統，以及雲端的大數據分析平臺，漁政部門可以在數位地圖上動態監控大量漁船的即時位置和狀態，如發現異常情況，就會自動通知用戶。同時，漁民及其家人亦可透過手機應用程式查詢漁船位置，遇到緊急時也可進行一鍵呼救。

漁民如今更可在捕魚期間，透過淘寶、抖音等網路直播平臺即時賣魚。資料顯示，2022 年上半年，陽江漁業在電子商務上的海產銷售額，就高達 3.5 億元（約 4 億港元）。

台灣廣廈 國際出版集團
Taiwan Mansion International Group

國家圖書館出版品預行編目（CIP）資料

冠軍經理人的趨勢發現＆投資觀念：屢獲大獎的對沖基金操盤手，
為你解析可以盈在未來的14個黃金產業／王華、陳卓賢著. -- 初版.
-- 新北市：財經傳訊出版社，2023.05
　面；　公分
ISBN 978-626-7197-23-3(平裝)
1.CST: 基金 2.CST: 股票投資 3.CST: 投資分析

563.53　　　　　　　　　　　　　　　　　　　112004983

財經傳訊
TIME & MONEY

冠軍經理人的趨勢發現＆投資觀念
屢獲大獎的對沖基金操盤手，為你解析可以盈在未來的**14個黃金產業**

作　　　者／王華、陳卓賢	編輯中心編輯長／方宗廉
協　　　力／王逸研	封面設計／張天薪・**內頁排版**／菩薩蠻數位文化有限公司
	製版・印刷・裝訂／東豪・紘億・弼聖・秉成

行企研發中心總監／陳冠蒨	線上學習中心總監／陳冠蒨
媒體公關組／陳柔垚	數位營運組／顏佑婷
綜合業務組／何欣穎	企製開發組／江季珊

發 行 人／江媛珍
法 律 顧 問／第一國際法律事務所 余淑杏律師・北辰著作權事務所 蕭雄淋律師
出　　　版／財經傳訊
發　　　行／台灣廣廈有聲圖書有限公司
　　　　　　地址：新北市235中和區中山路二段359巷7號2樓
　　　　　　電話：（886）2-2225-5777・傳真：（886）2-2225-8052

代理印務・全球總經銷／知遠文化事業有限公司
　　　　　　地址：新北市222深坑區北深路三段155巷25號5樓
　　　　　　電話：（886）2-2664-8800・傳真：（886）2-2664-8801
郵 政 劃 撥／劃撥帳號：18836722
　　　　　　劃撥戶名：知遠文化事業有限公司（※單次購書金額未達1000元，請另付70元郵資。）

■出版日期：2023年05月
ISBN：978-626-7197-23-3